Imaginação, criança e escola

Dados Internacionais de Catalogação na Publicação (CIP)
(Câmara Brasileira do Livro, SP, Brasil)

Silva, Daniele Nunes Henrique
  Imaginação, criança e escola / Daniele Nunes Henrique Silva. — São Paulo:
Summus, 2012. — (Coleção imaginar e criar na educação infantil)

ISBN 978-85-323-0799-6

1. Atividades 2. Crianças – Desenvolvimento 3. Criatividade na criança
4. Educação infantil 5. Imaginação 6. Prática de ensino I. Título. II. Série.

12-00275   CDD-370.118

Índice para catálogo sistemático:

1. Crianças : Desenvolvimento : Criatividade : Educação infantil   370.118

www.summus.com.br

EDITORA AFILIADA

Compre em lugar de fotocopiar.
Cada real que você dá por um livro recompensa seus autores
e os convida a produzir mais sobre o tema;
incentiva seus editores a encomendar, traduzir e publicar
outras obras sobre o assunto;
e paga aos livreiros por estocar e levar até você livros
para a sua informação e o seu entretenimento.
Cada real que você dá pela fotocópia não autorizada de um livro
financia um crime
e ajuda a matar a produção intelectual em todo o mundo.

Daniele Nunes Henrique Silva

Imaginação, criança e escola

summus
editorial

IMAGINAÇÃO, CRIANÇA E ESCOLA
Copyright © 2012 by Daniele Nunes Henrique Silva
Direitos desta edição reservados por Summus Editorial

Editora executiva: **Soraia Bini Cury**
Editora assistente: **Salete Del Guerra**
Capa: **Gabrielly Silva**
Projeto gráfico e diagramação: **Acqua Estúdio Gráfico**
Impressão: **Sumago Gráfica Editorial**

Summus Editorial
Departamento editorial
Rua Itapicuru, 613 – 7º andar
05006-000 – São Paulo – SP
Fone: (11) 3872-3322
Fax: (11) 3872-7476
http://www.summus.com.br
e-mail: summus@summus.com.br

Atendimento ao consumidor
Summus Editorial
Fone: (11) 3865-9890

Vendas por atacado
Fone: (11) 3873-8638
Fax: (11) 3873-7085
e-mail: vendas@summus.com.br

Impresso no Brasil

Para Pedro, Luiza e Helena.

Sumário

Apresentação da coleção 9

Prefácio 11

1. **Imaginação, processos criativos e infância** 15
   Introdução 15
   Imaginação e atividade criadora na perspectiva histórico-cultural 16
   Fantasia e realidade: a base sociogenética da imaginação 20
   Imaginação e infância 23
   A perspectiva histórico-cultural e a imaginação: a dimensão sensível
   (e embrionariamente artística) dos processos criativos da criança 25
   Relembrando 34
   Sugestão de atividades 35

2. **Imaginação na escola: múltiplos olhares** 37
   Introdução 37
   Educação, imaginação e práticas pedagógicas 37
   A imaginação e as dinâmicas interativas na sala de aula 45
   Relembrando 51
   Sugestão de atividades 52

3. Entrando na imaginação: a interação adulto-criança e criança-criança na sala de aula 55

Introdução 55

Cenas e movimentos imaginativos na sala de aula 55

Relembrando 76

Sugestão de atividades 77

4. Entrando na imaginação: como as crianças organizam (entre si) composições criativas 79

Introdução 79

Interação na sala de aula: a criação de enredos imaginativos 79

Relembrando 93

Sugestão de atividades 93

5. Entrando na imaginação: o que pensam as crianças sobre o ato de imaginar 95

Introdução 95

A opinião das crianças sobre suas experiências criativas na escola 95

Relembrando 103

Sugestão de atividades 104

6. Comentários gerais 105

Posfácio 111

Referências bibliográficas 115

Apresentação da coleção

A coleção "Imaginar e criar na educação infantil" tem como principal objetivo ampliar a discussão sobre as atividades criadoras infantis e seus desdobramentos educacionais. Partindo, centralmente, da contribuição teórica da perspectiva histórico-cultural (Lev Seminovich Vygotsky[1] e colaboradores), os textos que compõem a coleção buscam preencher uma lacuna nas publicações voltadas para a formação docente em educação infantil, no que tange à problemática que envolve os processos de imaginação da criança pequena.

Aqui, a brincadeira de faz de conta, a narrativa e o desenho, entre outros, são dimensões que caracterizam e qualificam a produção cultural da criança pequena e, por isso, merecem dos educadores um olhar privilegiado e atenção especial.

Não se trata de um manual, nem mesmo de um compêndio teórico. Pretendemos, de fato, compor um tipo de leitura que aproxime o leitor dos temas complexos implicados no desenvolvimento da criança, chamando a atenção para suas esferas criativas de expressão e representação do/no mundo.

Tentamos criar uma ponte entre as pesquisas mais atuais produzidas pela educação, pela psicologia e por áreas afins (em diferentes universidades brasileiras) – organizadas em forma de teses e dissertações

---

1. Dada a diversidade de formas de grafar o nome de Vygotsky (Vygotsky, Vygotski ou Vigotski), adotaremos a forma Vygotsky quando esse autor for mencionado sem que haja citação bibliográfica. Quando houver, grafaremos conforme as editoras brasileiras de suas obras.

– e as rodas da sala de aula. Para obter êxito nesse translado, que não é muito simples, decidimos montar uma edição que pudesse ser bem amiga do leitor-professor; um texto com pistas para garantir maior proximidade com o conteúdo teórico exposto nos livros articulado à realidade da escola e aos problemas lá enfrentados.

Sem perder a profundidade acadêmica necessária à abordagem dos temas selecionados, mas ganhando uma dinamicidade na leitura, pensamos em uma edição com boxes explicativos, episódios de sala de aula e sugestão de atividades (estas últimas estruturadas por professores da educação infantil espalhados pelo Brasil).

O nosso foco é você, educador, que está do outro lado vendo tudo acontecer, sentindo (na pele) todas as transformações brotadas da/na sala de aula, desejoso de diálogo.

Daniele Nunes Henrique Silva
Instituto de Psicologia da Universidade de Brasília (UnB)

Prefácio

O título deste livro, *Imaginação, criança e escola*, constitui, ao mesmo tempo, um convite ao leitor para escrutinar os conteúdos de cada um desses termos diferentes e um desafio para encontrar um vínculo conceitual articulador entre eles que permita construir um quadro teórico sustentável sobre a natureza e a finalidade da educação infantil nos meios escolares.

Na condição de termos substantivos (imaginação, criança e escola), cada qual se define por um campo próprio de *significação* que, em si mesmo, é diferente do campo dos outros dois. O caminho para enfrentar o desafio que eles lançam ao leitor é, portanto, encontrar o(s) eixo(s) central(ais) de cada um desses campos significativos para estabelecer possíveis enlaces significativos ou semióticos.

O termo "imaginação" encerra em si uma (certa) ambiguidade que explica as frequentes dificuldades que pessoas comuns (e até mesmo alguns especialistas) encontram para lidar com ele, pois pode ser entendido de formas diferentes, desde as mais *elementares* até as mais *sofisticadas* (elaboradas pela ciência). Todavia, o problema não está na existência de diferentes concepções a respeito da imaginação, mas nas consequências que estas podem ter para a compreensão do ser humano. Vejamos algumas concepções a que o termo "imaginação" pode remeter.

A ideia mais elementar é fazer da imaginação uma característica ou "faculdade" (no sentido da antiga psicologia) inerente à natureza humana. Ou seja, algo que está lá desde o início da vida do indivíduo e, à semelhança do que ocorre com as outras características ou "faculdades" biológicas e psicofisiológicas, deverá "amadurecer" sob a ação do tempo e das condições favoráveis do meio até se tornar elementos constitutivos do modo de ser e de agir do indivíduo adulto. Isso quer dizer que, sendo de origem natural, a imaginação se desenvolverá naturalmente como todas as outras características ou "faculdades" do homem.

Outra concepção, bastante elementar ainda, é aquela que faz da imaginação uma espécie de lócus do organismo onde habitam as imagens que, por não serem inatas, aparecem no tempo em consequência das *impressões sensoriais* que o meio produz no organismo humano. Nesse caso a imaginação acaba sendo entendida como uma espécie de arquivo de memória digital de onde as imagens podem ser "extraídas" pelo indivíduo para uso e consumo na vida cotidiana.

Mas a imaginação pode ser entendida, ainda, como a "faculdade" – semelhante às outras de que dispõe o ser humano (inteligência, memória, linguagem etc.) – que permite ao indivíduo operar com as imagens (atividade de imaginar) para pensar e criar seus "mundos de fantasia" que se sobrepõem ao mundo do real concreto. Entendida assim, a imaginação não é apenas um lócus no qual habitam as imagens, mas sobretudo uma espécie de "factoria" onde elas são elaboradas e reelaboradas. Ora, ao associar as imagens, abre-se uma nova forma de entender a imaginação e sua função no desenvolvimento do homem. Refiro-me, especificamente, à *perspectiva histórico-cultural.*

Embora não seja a única forma possível de compreender a imaginação, é aquela que, como se vê neste livro de Daniele Nunes, permite compreender melhor a natureza *humana* do homem. Essa nova forma de entender a imaginação está fundada em alguns pressupostos básicos dessa "perspectiva" na qual se funda o pensamento da autora. São eles: o ser humano é um ser biológico, surgido num momento da longa evolução das espécies vivas que, ao longo de sua história, adquiriu a capacidade inédita de transformar a natureza e de transformar-se ele mesmo como parte dela, criando suas condições de existência.

Transformar a natureza e transformar-se enquanto parte dela significa conferir à natureza e a si mesmo uma nova forma de existência: uma existência simbólica. Em outros termos, no caso do homem, é desenvolver novas funções que a perspectiva histórico-cultural denomina *funções superiores* ou simbólicas, que, articulando-se com as denominadas *funções naturais* ou biológicas, passam a compor a natureza *humana* do homem: uma natureza ao mesmo tempo *biológica* e *simbólica*.

Aplicando isso à questão da imaginação, veremos que ter imagens é obra de um sistema neurológico, existente em graus diferentes em grande parte dos seres vivos. Assim, ter imagens é uma condição biológica dos *primatas*, dos quais descendem os homens, que herdaram essa característica ou *função biológica*.

Uma característica ou função que, com o desenvolvimento crescente do cérebro e a emergência da consciência, se transformou numa função simbólica que, em termos simples, significa a capacidade de atribuir às imagens que se formam nele uma *significação* integrada no complexo sistema interfuncional – das funções de *pensar* (pensamento), de *falar* (linguagem) e de *agir* (atividade).

Na leitura atenta desta obra, o leitor poderá entregar-se ao desafio de descobrir quão importante é a imaginação na constituição criadora da criança e encontrar as articulações existentes entre a imaginação e a escola. Emergirá, assim, a importância que a escola pode ter na formação (educação) da natureza *humana* da criança.

Angel Pino
Professor livre-docente da Faculdade de Educação da
Universidade Estadual de Campinas (Unicamp)

Imaginação, processos criativos e infância

Introdução

O principal interesse deste capítulo é problematizar os modos de configuração das manifestações imaginativas na infância. A base teórica pauta-se nas contribuições conceituais da perspectiva histórico-cultural sobre o desenvolvimento humano, em especial as reflexões de L. S. Vygostky e seus colaboradores.

Para os teóricos da corrente histórico-cultural, a ação criadora manifesta-se ao longo de todo o desenvolvimento e assume contornos específicos na infância. De fato, as formas de as crianças configurarem suas expressões criativas por meio de brincadeiras, narrativas, desenhos etc. indicam não somente seus modos de pensar sobre o real, mas também de senti-lo e interpretá-lo.

Ao final, observaremos que as relações entre a experiência cultural e a composição de nossa imaginação são interdependentes. Ou seja, os frutos de nossa imaginação têm origem na forma como vivemos e apreendemos a realidade que nos circunda. A imaginação, diferentemente do que muitos acreditam, não é um mero devaneio, um passatempo ou uma ilusão infantil. Ao contrário, ela é a base para o pensamento, a criação e o conhecimento do mundo.

> **Este capítulo propõe:**
> - Abordar os principais conceitos da perspectiva histórico-cultural.
> - Refletir sobre a importância dos processos criativos na ontogênese.
> - Apresentar conceitualmente a função das atividades criadoras (narrativa, faz de conta e desenho) no desenvolvimento infantil.

Imaginação e atividade criadora na perspectiva histórico-cultural

No século XX, o tema da imaginação foi abordado por diversos campos de produção científica. Os trabalhos no campo da filosofia (Sartre, 1964, 1996), da psicologia do desenvolvimento (Piaget, 1975; Vygotsky, 1987, 1991, 1999, 1999a) e da psicanálise (Bernis, 2003) buscaram desvendar as inúmeras relações entre a produção de imagens, a percepção do real e a configuração da imaginação humana.

As disputas analíticas sobre realidade *versus* virtualidade, imaginação *versus* imaginário etc. desdobraram-se de forma não consensual em pesquisas no campo das ciências humanas e sociais.

> Hoje, a imaginação é discutida do ponto de vista da problematização das relações entre o real e a virtualidade, tendo como pano de fundo as transformações tecnológicas operadas no campo da comunicação (particularmente pela internet) e seus impactos na produção de subjetividades. Jean Baudrillard, Edgar Morin e Gilles Deleuze, entre outros, são autores contemporâneos que têm se dedicado aos estudos dessas temáticas, provocando grandes debates sobre o conceito de imaginação, imaginário e realidade.

Entretanto, os esforços de compreender o funcionamento imaginativo e toda a complexa configuração conceitual que o envolve, na maioria das vezes, apresentaram-se de forma difusa e não complementar nas distintas análises teóricas. Ou seja, mesmo tratando de assunto em comum, as teorias não dialogam entre si.

Sem dúvida, os modos de conceber a produção e a criação de imagens divergem em virtude da tensão apresentada nos diferentes referenciais epistemológicos em que os autores se sustentam teoricamente. Tal divergência, apesar de muito proveitosa, coloca o tema em uma área conflituosa, em que a delimitação conceitual se faz necessária.

Para os autores da corrente histórico-cultural, a base de sustentação teórica encontra nas contribuições da perspectiva materialista histórico-dialética seu principal ponto de ancoragem (Duarte, 2000). A atenção volta-se primordialmente para as contribuições de Karl Marx (1971 e 1999) acerca do trabalho social como base explicativa daquilo que nos torna humanos (origem da atividade consciente) em nossa constituição cultural.

De acordo com Marx, a humanidade não se explica por apologias e/ou circunstâncias abstratas (fenomenológicas), pois o homem é o resultado da sua experiência histórica e não de uma energia superior ou que lhe é predestinada. A consciência está vinculada diretamente à atividade material humana em suas trocas sociais – a linguagem da vida.

Nas atividades reais de produção, os homens transformam sua realidade e, consequentemente, seu modo de pensar e os produtos de seu pensar. Marx (1999, p. 37) comenta: "Não é a consciência que determina a vida, é a vida que determina a consciência".

O homem cria seus meios de vida e, indiretamente, sua materialidade. Ele altera, pelo trabalho e pela organização social, suas condições de existência no curso de uma história natural, transformando-a numa história basicamente cultural, e torna-se, portanto, aquilo que coincide com a sua produção: o que produz e o modo de produzir. Ou seja, nossas ações concretas estão intrinsecamente relacionadas às condições materiais e aos processos de configuração, criação e reinvenção da realidade cultural em que vivemos.

Inspirado por essas ideias centrais, Vygotsky (1987, 1991, 1999, 1999a e 2009) focaliza suas análises e seus fundamentos conceituais no argumento teórico que vincula história e cultura na compreensão da gênese do funcionamento psíquico de ordem superior. Ou seja, ele encontra no trabalho humano a base explicativa da origem da atividade consciente.

> As ideias de Vygostky e seus colaboradores (Luria e Leontiev) são fortemente marcadas pelo contexto de sua época e de sua origem geográfica. Tendo como berço de estudos a União Soviética pós-revolucionária, Vygostky se inspirou na obra de Marx e Engels para formular seus postulados teóricos. Podemos

> destacar, conforme indica Oliveira (1997), alguns princípios gerais das ideias marxianas presentes nas contribuições da perspectiva histórico-cultural:
>
> 1. O homem é entendido como um ser histórico que vai se modificando pelas suas relações com o mundo natural e social, por meio do trabalho.
> 2. A sociedade humana é uma totalidade em transformação; um sistema contraditório em desenvolvimento.
> 3. As transformações ocorrem com base na sobreposição, articulação, contraposição de elementos da realidade que dão origem a novos fenômenos; síntese dialética.
> 4. O modo de produção da vida material se encontra intrinsecamente relacionado com a vida social, política e espiritual do homem.

Numa retrospectiva filogenética, podemos sinalizar que a necessidade de dominar a natureza para preservar a espécie consolidou formas de organização coletiva que, com o passar do tempo, foram se tornando mais complexas. Tais dinâmicas sociais (oriundas do trabalho) transformaram a natureza e, consequentemente, o próprio homem e sua atividade mental, à medida que o libertavam das imposições perceptivas.

O homem passou a agir além de suas condições biológicas e, portanto, independentemente do seu campo perceptivo, demarcando uma ação futura (prospectiva) sobre o ambiente. A liberdade da esfera perceptual inaugurou de forma singular a intervenção humana na natureza à medida que esta se tornava planejada (orientada para o futuro).

A orientação de uma ação para além da *disposição natural* possibilitou ao homem agir e criar elementos que não eram oferecidos *naturalmente*, caracterizando esferas mediadas (artificiais) na relação com a natureza e na organização do próprio comportamento.

Isso significa dizer que o homem não organiza sua ação no mundo dependendo daquilo que a natureza lhe oferece. Ao contrário dos animais, ele cria elementos na natureza, transforma a realidade. A moradia, as vestimentas, a agricultura, a pesca, os instrumentos são exemplos de criações humanas.

Por isso, para Vygotsky, a relação homem-mundo já não é direta e sim mediada. Os instrumentos (como a lança para pescar e as armadilhas para caçar) e os signos (linguagem) transformaram as condições biológicas do humano em *competências que surgem na/da produção cultural.* Nesses termos, instrumentos e signos promoveram uma alteração no comportamento humano. O uso de instrumentos, por exemplo, ampliou de forma considerável o domínio e o controle da natureza, transformando radicalmente a *paisagem natural* em um *cenário cultural.* O signo (a linguagem), por sua vez, ao orientar-se internamente para o próprio sujeito, regulou ações e estruturou o campo simbólico, constituindo-se no princípio explicativo da atividade consciente, a base do funcionamento psíquico de ordem superior.

O conceito de **mediação semiótica** representa um ponto central na obra de Vygotsky. Para o autor, a linguagem organiza a atividade mental e, também, viabiliza as trocas comunicativas entre os homens nas suas diferentes gerações. Ademais, o campo semiótico fia a história e a cultura, constituindo específicos modos de sentir, imaginar, conhecer e agir.

O conceito de **mediação semiótica** é essencial para compreendermos a base epistemológica da teoria histórico-cultural. Em termos gerais, mediação é uma relação que ocorre de forma indireta, pois existe um elemento (um objeto, uma pessoa ou um signo) que intervém na relação entre o homem e seu ambiente. Vamos entender melhor...

Quando vê uma bola, a criança pequena brinca com ela, manipula-a, joga-a, puxa-a e empurra-a várias vezes. Na maioria das vezes, um adulto apresenta o objeto à criança nomeando-o. Assim, paulatinamente, ela aprende que bola é diferente de cadeira, de chocalho, de mamadeira e de colher.

A exploração do instrumento, que, inicialmente, é desordenada, com o passar do tempo adquire outros sentidos para a criança; a bola serve para brincar com o pai, para rolar, para fazer gol etc. Toda essa mudança na forma como a criança percebe o objeto tem relação direta com o modo como esse mesmo objeto lhe é apresentado por um adulto, por meio da linguagem, em suas interações sociais.

Com base nesse princípio teórico, os *processos cognoscitivos* não são mais concebidos como vinculados de forma exclusiva à experiência individual, tal como tradicionalmente deles tratou a psicologia. Ao contrário, eles são radicalmente transformados nos intercâmbios sociais, consolidados nos processos de significação da palavra/do mundo e de internalização de ações culturalmente compartilhadas.

Fantasia e realidade: a base sociogenética da imaginação

Vygotsky focaliza vários processos específicos do funcionamento humano, explorando esferas da atividade simbólica. Uma dessas esferas diz respeito ao funcionamento da *imaginação* e da *fantasia* no desenvolvimento ontogenético. O autor tece argumentos sobre a imaginação em diferentes momentos de sua obra: em um dos textos do livro intitulado *Formação social da mente* (1991) e na obra *Imaginação e criação na infância* (2009), entre outros.

A divergência radical de Vigotski (1999b) com a psicologia do século XIX, que denominará de "velha" ou "tradicional", coloca-o diante de uma imaginação não mais dependente da memória. Ele observa que existe um impulso reprodutivo na conduta humana, pois o homem, baseado na memória, é capaz de reproduzir normas já criadas e ressuscitar rastros de antigas impressões. Dessa forma, seu conhecimento sobre o mundo circundante é também consolidado por meio de hábitos permanentes, que se repetem em circunstâncias idênticas.

Contudo, os atos de imaginar e a própria produção de imagens não estão presos de forma reprodutiva às percepções do passado ou a impressões acumuladas anteriormente. A imaginação é, acima de tudo, a capacidade do homem de criar, mesmo que baseando-se na experiência passada, elementos novos.

O processo de criação está, portanto, regulado pela capacidade imaginativa de configurar no real algo inaugural/criado. Ficam, então, alterados os cenários, bem como a relação do homem com a própria realidade.

Todavia, vale ressaltar que, para os autores da perspectiva histórico-cultural, o termo "realidade/real" direciona-se, conceitualmente, àquilo que está determinado pelo campo perceptivo: o que se vê, o que se toca. A realidade é o concreto e é resultante do trabalho humano.

Para Vygotsky, o principal fator psicológico do desenvolvimento da imaginação vem da necessidade que experimenta o homem de adaptar--se ao meio que o rodeia. Se o ambiente não oferecesse nenhum obstáculo ao seu *desenvolvimento natural*, não haveria base alguma para o surgimento de uma ação criadora. Mas, ao contrário, a *inadaptação* é a condição principal para o desenvolvimento humano, pois faz emergir a necessidade de transformação do ambiente.

Ao transformar o ambiente, o homem cria. Para criar, imagina.

A função criadora, porém, não aparece de repente, mas de forma lenta e gradual, assumindo aspectos diferentes na ontogênese. A produção de imagens e todo o processo psicológico que envolve a imaginação e a criação não estão dissociados das condições de vida do homem, das suas necessidades e de seus desejos.

A possibilidade de imaginar está sustentada pela palavra, pelo próprio real. Por isso, toda a atividade criadora parte da experiência, ou melhor, da forma como se percebe o mundo.

Mas qual é a origem da atividade criadora? Que leis sustentam seu desenvolvimento? Na visão teórica de Vygotsky, há quatro formas de vinculação entre o real e a fantasia.

A primeira forma consiste na composição de elementos tomados da realidade, das experiências anteriores do homem, pois a criação não surge do nada, mas do que foi vivido direta ou indiretamente. A imaginação toma da realidade seus elementos e os recombina, mesclando aspectos do real "associados" com imagens de fantasias.

A segunda lei refere-se à outra forma de combinar realidade e fantasia. Nesse caso, a relação se estabelece por meio de produtos da imaginação que criam imagens somadas a fenômenos complexos da realidade. Por exemplo, quando o sujeito vê um quadro, ou lê uma história, e não se limita a reproduzir experiências passadas, mas parte delas para criar novas combinações. A fantasia amplia a experiência do homem, por permitir-lhe imaginar o que não viveu diretamente, libertando-o do estreito vínculo de sua singular experiência e possibilitando-lhe assimilar experiências históricas e sociais alheias.

Se, no primeiro caso, a imaginação se apoia na experiência, no segundo a experiência baseia-se na fantasia.

A terceira forma de vinculação entre a função imaginativa e a realidade é o enlace emocional. Por uma parte, todo o sentimento é pensado em imagens que promovem determinado estado de ânimo, transformando-se em linguagem interior dos sentimentos. De fato, quando experimentamos determinadas sensações, pensamos em imagens. Por outro lado, curiosamente, a fantasia influencia os sentimentos, pois toda a representação criadora encerra em si elementos afetivos. Ao ler uma história, ao imaginar algo, atribuímos sentimentos ao que foi imaginado. No caso das crianças pequenas, por exemplo, quando imaginam que há um fantasma debaixo da cama, vivem o sentimento de medo e pavor com tanta realidade que, em geral, não se mexem na cama até dormirem profundamente.

A última forma de relação entre o real e a fantasia funda-se no princípio explicativo da originalidade. Ou seja, a imaginação pode representar algo completamente novo, algo que não exista na experiência passada do homem. Para Vygotsky, esses frutos da imaginação explicam a base histórica dos processos criativos: a própria inventividade humana. De fato, os elementos dispostos na realidade podem sofrer complexa reelaboração no pensamento e convertem-se em produtos originais da imaginação. Tais produtos, ao se materializar, retornam ao mundo de forma inusitada, trazendo consigo uma força ativa, capaz de alterar o próprio modo de organização dessa realidade. Esse movimento circular (*ciclo da imaginação*) encerra a base da atividade criadora.

As invenções sempre fizeram parte da história da humanidade. A partir delas, novas formas de agir e pensar se configuraram na sociedade. Como exemplo, temos a imprensa.

As primeiras técnicas de impressão de que se tem notícia datam do século VIII, tendo sido desenvolvidas inicialmente na China. Elas chegaram à Europa por volta do ano de 1430, quando Laurens Coster, na Holanda, iniciou a impressão de livros com a utilização de caracteres móveis de madeira. Porém, o crédito da invenção foi dado a **Gutenberg**, alemão que inovou a técnica ao utilizar o aço.

(Fonte: http://www.casadomanuscrito.com.br/curio_07.htm. Acesso em: 6 jun. 2011.)

Imaginação e infância

Desde os primeiros anos, os processos criativos emergem na criança em suas atividades lúdicas, nos desenhos e na produção de narrativas. Para os pequenos, os primeiros pontos de apoio para a futura criação estão naquilo que eles ouvem e veem; isso lhes permite acumular material que será usado para compor seu cenário de fantasia.

Com base na associação e na dissociação de impressões percebidas, a criança parece repetir aquilo que vive. Todo material de sua imaginação sugere um aporte na realidade, como se o reproduzisse.

Contudo, apesar do caráter reprodutor, ao mesmo tempo que os pequenos imitam a realidade, criam ao imitar. Aspectos novos, palavras criadas, grafias surpreendentes e discursos originais sobre o próprio real podem emergir nos momentos em que os pequenos narram, brincam ou desenham.

Vygotsky critica os teóricos que afirmam que a imaginação da criança é mais rica do que a do adulto, baseando-se no fato de que suas experiências são quantitativamente mais restritas, se comparadas. Merece atenção, porém, a forma como as crianças manifestam sua imaginação: a crença, por exemplo, que demonstram nos frutos de sua fantasia e os elementos reveladores que tais atividades encerram, no que tange ao desenvolvimento cognitivo e à vivência emocional (sensível) suscitada pela ação criativa.

Na infância, a imaginação aparece com todo o vigor, sendo, portanto, esfera de extrema importância para os estudos da psicologia e da pedagogia.

É impossível, por exemplo, estudar a atividade criadora sem considerar os processos de produção discursiva, cognoscitiva, linguística e afetiva que tal ação envolve. Certamente, quando imagina, a criança se expressa sobre o seu universo cultural por meio de um complexo funcionamento do seu campo simbólico/cognoscitivo.

> [...] a capacidade criativa humana está presente em inúmeras formas de atividade, entre elas a criação artística, que reflete e refrata as diversas formas da vida; a criação científica, que questiona e produz conhecimentos relativos às problemáticas da realidade do homem; e a técnica, que, no seu fazer, materializa as próprias condições da vida humana. Em su-

ma, torna-se claro que essa capacidade não está divorciada da realidade e da cognição. (Leite, A., 2004, p. 24)

A função imaginativa banha-se na experiência concreta e dela se constitui. Compreender sua base sociogenética (ou seja, sua gênese social) é de fundamental relevância, principalmente no desenvolvimento de pesquisas que vislumbrem um aprofundamento das relações entre ação criadora, infância, cultura e produção de conhecimento (Oliveira, 1988 e 1996; Rocha e Góes, 1993; Pino, 1996; Ferreira, 1998; Rocha, 2000; Silva, 2002).

A construção do universo de fantasia não emerge de motivações prazerosas e individuais. É a própria condição social da criança que a motiva a querer participar do universo circundante e entendê-lo, fazendo-a reproduzir, criando, aspectos desse real.

Sobre as ações imaginativas próprias da cultura infantil (desenhos, narrativas etc.), Vygotsky (1991) tece interessantes reflexões acerca da brincadeira, elegendo-a como principal atividade da idade pré-escolar.

A eleição não é por acaso, pois o autor compreende o lúdico como central para a emergência de complexos processos do funcionamento abstrato, da elaboração e ampliação das competências imaginativas e linguísticas das crianças.

Na brincadeira, a criança pequena tenta agir como adulto, incorporando aspectos da cultura. Tal ação, guiada pela imaginação, resulta da necessidade e do desejo da criança de incorporar elementos dispostos no real. Construindo cenários lúdicos e assumindo papéis sociais (personagens), as crianças se apropriam das regras social e historicamente construídas.

> A criança dirige a atenção para a cultura: reproduz cenários da vida do grupo social; assume o lugar e os dizeres de figuras desses cenários; faz uso de objetos pertinentes à atividade humana; atende regras de relações interpessoais, de acordo com posições de prestígio e poder; explora formas de agir, valores, afetos e saberes; mais geralmente, reconhece discursos e práticas sociais. (Góes e Leite, 2003, p. 2)

A criança faz de conta que é enfermeira, professora, mãe, filha, médica e, ao mesmo tempo que se apoia no real (por meio das regras e das generalizações de papéis estabelecidos), efetua transformações inventivas no plano simbólico. O real não é único. As crianças recriam de forma diversa um personagem. Elas transitam por diferentes temas lúdicos. A diversidade de recriações sustenta-se no socialmente previsto (plausível), mas, contraditoriamente, aponta para a não uniformidade das encenações, conferindo-lhes originalidade.

A criança recompõe significados e ultrapassa as condições concretas impostas pelo real (Rocha, 2000). Ela vê o objeto, mas supera a determinação perceptual, e sua ação é guiada pelo campo do significado. "A ação acaba surgindo das ideias e não das coisas" (Vygotsky, 1991, p. 111). Nesse sentido, um lápis se transforma numa nave; uma pedra, num posto de gasolina etc.

Assim, o brincar é uma atividade fundamental no desenvolvimento humano porque permite à criança agir além de suas competências habituais, além de seu comportamento diário. O brinquedo cria uma *zona de desenvolvimento proximal*; um espaço de capacidades emergentes, que coloca a criança à frente de suas condições reais de vida. Por isso, Leite (2004) afirma que o brincar é uma instância típica da manifestação imaginativa que pode ser desdobrada, em sua base interpretativa, para a análise de outras atividades que envolvem a articulação entre o real e a fantasia.

A perspectiva histórico-cultural e a imaginação: a dimensão sensível (e embrionariamente artística) dos processos criativos da criança

Tradicionalmente, o esforço maior de compreensão investigativa da imaginação infantil na perspectiva histórico-cultural conferiu prioridade à problematização dos processos cognoscitivos, sua base sociogenética, em detrimento do funcionamento sensível neles implicado.

Entretanto, alguns estudos no campo da arte e da educação contribuíram consideravelmente para o fortalecimento da temática *esquecida*, apontando desdobramentos para o campo educacional, em especial o escolar (Ferreira, 1998; Lopes, 1998; Ostetto e Leite, 2004). Isso porque enfatizaram a dimensão sensível e a experiência autoral como aspectos intrínsecos aos processos criativos experimentados pelas crianças em tudo que produzem.

Apesar do empenho, a discussão sobre a produção infantil e suas especificidades ainda é escassa. A base conceitual para a reflexão sobre as questões apontadas é inicial. Por isso, nos esforços investigativos que tomam a perspectiva histórico-cultural como ênfase teórica, o acúmulo de análises conceituais nessa linha é um investimento necessário.

Ao refletir sobre o brincar, Góes e Leite (2003) indicam que a criança não cria o absurdo nem nega possibilidades de elaboração do real. Sua atenção volta-se para uma *lógica* do acontecimento imaginário, em que o uso de objetos substituídos, as ações abreviadas (ou omitidas) e as pressuposições estão presentes na manutenção da *consistência* do tema a ser encenado.

A noção de *consistência* sugere, às autoras, que o faz de conta, ao envolver o funcionamento cognitivo, abrange operações de generalização. "No brincar, essas noções generalizadas podem ser notadas de vários ângulos. Um deles refere-se à maneira pela qual a criança assume personagens [...] Um personagem é *recriado*[2] a partir de uma figura social que atua de certa maneira, segundo certas normas, em certas esferas da cultura" (Góes e Leite, 2003, p. 3).

Tal argumento sobre a generalização de personagens parece relevante, já que, na perspectiva histórico-cultural, essa questão diz respeito ao processo de formação conceitual e, consequentemente, à relação entre pensamento e linguagem.

Em Vigotski (2001), o pensamento e a linguagem, embora tenham origens distintas, se interpenetram e entrelaçam ao longo da ontogênese, no significado da palavra, promovendo a emergência de elaborações conceituais cada vez mais refinadas. A palavra se expande, sofre alterações e transformações intelectuais de abstração no desenvolvimento humano.

---

2. Grifo meu.

Luria (1986, p. 45) comenta:

> [...] por significado entendemos o sistema de relações que se formou objetivamente no processo histórico e está encerrado na palavra [...] O significado é um sistema estável de generalizações que se pode encontrar em cada palavra, igualmente para todas as pessoas. Este sistema pode ter diferente profundidade, diferente grau de generalização, diferente amplitude de alcance dos objetos por ele designados, mas sempre conserva um "núcleo" permanente, um determinado conjunto de enlaces.

A essa discussão sobre o significado Vygotsky agrega conceitualmente a ideia de sentido. De acordo com Cruz e Góes (2006), a preocupação do autor com revelar a dinâmica dos significados na linguagem em ocorrência leva-o a evidenciar a significação da palavra no contexto de seu uso. "[...] junto com o significado, cada palavra tem um sentido, que entendemos como a separação, neste significado, daqueles aspectos ligados à situação dada e com as vivências afetivas do sujeito" (Luria, 1986, p. 45).

> Pensemos na palavra "sapato". Em nossa cultura, o *significado* da palavra "sapato" está relativamente determinado. Ou seja: calçado, em geral de sola dura, que cobre o pé parcial ou completamente (*Dicionário Houaiss da língua portuguesa*, 2004, p. 2516). No entanto, o sentido da palavra varia de pessoa para pessoa. Para o sapateiro, por exemplo, esse objeto relaciona-se ao seu trabalho, ao seu sustento. Para as adolescentes, que adoram variedades e experimentações, o sapato pode ser um objeto de consumo, algo definidor de seu estilo. Para uma criança pequena, o sapato pode ser uma forma de não ficar descalça. Mas para Pedro (menino de 3 anos) o sapato é uma forma de se aproximar de seus heróis: "Mãe, me dá o sapato de Ben 10 [referindo-se ao personagem do desenho]? Deixa eu usar aquele do Buzz [referindo-se ao astronauta do filme *Toy story*]?"

Tal aspecto parece ser interessante, uma vez que significado e sentido, como componentes estruturais da palavra, integram elementos de generalização também presentes nas brincadeiras infantis. Ademais, a relação entre significado e sentido pode ser entrelaçada, análoga (não equivalentemente) aos vínculos entre cognição e imaginação, como sugerem Cruz e Góes (2006).

Ocorre que a consideração dos processos de generalização envolvidos na atividade criadora, em especial na brincadeira de faz de conta, aponta para uma possibilidade interpretativa em que o sentido garante (conceitual e teoricamente) o lugar da singularidade, do afetivo e, portanto, do *sensível*, no ponto central das ações criadoras das crianças.

Ou seja, na medida em que envolve modos de generalização sobre o real, a atividade criadora na infância também pode ser compreendida como esfera importante para pensarmos a maneira peculiar (autoral) de a criança se expressar sensivelmente sobre o universo que a cerca.

Certamente os pequenos revelam leituras individuais da realidade, acerca do vivido e do sentido. Se há algo de geral ao assumir papéis, por exemplo, há (também) algo de particular que se desdobra nessa "experiência sensível" do sujeito. É exatamente nessa tensão entre o *todo* e o *particular*, entre o que é generalizado (significado) pelos pequenos nos seus contatos sociais e o que é particularizado por suas leituras (sentido) sobre o real, que reside a riqueza de sua inventividade.

Desse modo, a ação lúdica e toda a atividade criadora (guardadas suas peculiaridades) podem ser entendidas como modo de expressão/interpretação que a criança efetua sobre o mundo, num formato de *leitura* e *escrita* não gráfica (desenho, narrativa e faz de conta) sobre o real (Silva *et al.*, 2003).

No brincar, a organização de cenários, o assumir papéis e a construção da cena lúdica (*a lógica do acontecido no plano imaginário*) são os aspectos que trazem traços da realidade ao que é encenado, como veremos adiante. O corpo, os gestos, as palavras, toda expressão da criança indica *algo que está sendo escrito*, tornando possível qualquer outro *ler* como a criança percebe a realidade circundante.

A brincadeira, além disso, abrange modos específicos de exploração da sensibilidade da criança: a experiência de *outridade* (alteridade) e a dimensão *performática* que a própria vivência traduz.

Vejamos como isso funciona.

Em um primeiro plano, a criança assume personagens, vivendo o lugar social do outro. Ela pode ser o outro, transitando por diferentes papéis sociais, ampliando a compreensão sobre si mesma e sobre o mundo que a rodeia. Segundo Góes (2000, p. 123), "ela brinca daquilo que já vivencia (filha); daquilo que ainda não pode ser (mãe, médica, professora); daquilo que o código social censura (ladrão, bêbado, sequestrador); daquilo que aspira ser (pai, mecânico, astronauta); e assim por diante".

Além disso, de acordo com Góes (2000), ao brincar de assumir papéis sociais a criança cria sequências lúdicas desdobradas em dois tipos de cenário: a) o cenário representado, em que se apoia no uso de objetos disponíveis e nas relações com parceiros presentes; b) o cenário conjetural, estruturado em situações e personagens não encarnados, que se tornam presentes pelos enunciados produzidos no desenrolar da atividade.

O interessante é observar que esses cenários conjeturais direcionam-se (não intencionalmente) para uma *plateia* fora do espaço da brincadeira, como veremos adiante. Ou seja, aquele que observa o faz de conta confere-lhe uma dimensão embrionariamente artística.

> **Atenção!**
> Precisamos explicar que a utilização do termo "embrionário" não coincide aqui com as conceituações mais tradicionais que concebem a criança como um "embrião" do adulto. Ao contrário, ao utilizarmos a palavra "embrionário" estamo-nos referindo à origem incipiente de uma dimensão estética no desenvolvimento infantil.
> Isso significa dizer que não assumimos a ideia de que na criança está contido o artista adulto, pois não propomos que as instâncias de experiências imaginativas na infância se configuram de modo semelhante às produções estéticas do adulto. Advogamos a favor de um olhar atento e cuidadoso aos processos criativos dos pequenos, pois neles estão implicados aspectos de uma cultura infantil, de um modo particular de sentir, representar e conhecer o mundo.

A esfera embrionária das ações criativas na infância é abordada nestas páginas na forma de notas introdutórias apoiadas em argumentos do pensador russo Mikhail Bakhtin (1995, 1997).

Bakhtin aponta indícios de que os processos imaginativos na infância são diferentes daqueles estruturados nas representações artísticas. O autor tem como referência as figuras do espectador e do autor para estabelecer essa distinção. Ele afirma (1997, p. 90):

> O garoto que representa o chefe dos bandidos vive sua vida de bandido por dentro: é pelos olhos do bandido que ele vê um segundo garoto passar correndo na frente de um terceiro garoto que, por sua vez, é o viajante. Seu horizonte é o horizonte do bandido representado. O mesmo acontece também com os seus companheiros de representação. A relação mantida por cada um deles com o acontecimento, o desejo de viver essa vida na qualidade de participante; um quererá ser o bandido, outro o viajante, outro ainda o policial etc. Essa relação com a vida que se manifesta no desejo de vivê-la em pessoa não é uma relação estética com a vida.

Essa citação de Bakhtin também foi explorada por Góes (2000). Nesse texto, a autora indica que a recriação de personagens ("eus fictícios") é um momento importante no qual a criança trabalha diferenciações e identificações entre eu-outro. Mas essa vivência não se dá de forma reflexiva ou deliberada. Como não há intencionalidade, a encenação lúdica não pode ser vista como encenação artística.

O que parece interessante pensar, no caso específico dessa análise, é que há algo de peculiar nas elaborações criativas das crianças. É nesse aspecto que Tezza (1996), ao revisitar categorias conceituais de Bakhtin (em especial o conceito de *viagem exotópica*), reconsidera aspectos levantados pelo autor sobre a relação autor-espectador na representação lúdica.

Tezza (1996) discute em detalhes o capítulo "O autor e o herói", do livro *A estética da criação verbal* (Bakhtin, 1997). Na análise, ele considera os conceitos de outridade (alteridade) e exotopia centrais na obra de Bakhtin, não somente por revelarem um caminho original para pensarmos a constituição do homem, mas principalmente por apontarem aspectos fundamentais para a compreensão da atividade estética.

Bakhtin compreende que a relação eu-outro, incorporada no diálogo, é central para compreensão de toda existência humana. Entretanto, é importante ressaltarmos que o aporte teórico sobre esse princípio relacional, que sustenta os acontecimentos da vida em seu princípio de alteridade, encontra-se fundamentado pelos conceitos que tal autor toma emprestados da física (localidade e temporalidade).

Para Bakhtin (1997), a *lei de localização* refere-se aos horizontes distintos que se apresentam nas dinâmicas relacionais; diante de mim e de meu outro as paisagens possíveis de contemplação são diferentes, "não coincidentes", pelo tempo e pelo espaço vivido e ocupado dos sujeitos em relação. Ou seja, eu capto do outro uma imagem que lhe é inacessível e vice-versa. Essa visão a mais que tenho sobre o (meu) outro é singular, pois reflete a minha ocupação única no mundo em relação a ele.

Na localidade desse meu lugar, diferente do outro, é que o constituo como sujeito, posicionando-me a partir dele. Em contrapartida, também me torno sujeito por meio do excedente de visão que o (meu) outro possui da paisagem emoldurada pelo meu corpo.

> Para entender melhor o conceito de extralocalidade, reflita sobre a citação abaixo imaginando que haja uma pessoa posicionada à sua frente:
>
> > Enquanto eu estou aqui, você tem que estar ali; eu posso estar com você nesse momento, porém a situação parecerá diferente a partir dos lugares únicos que eu e você ocupamos nela. Nós dois estamos juntos e, no entanto, à parte. Podemos trocar fisicamente de lugar. Mas, entre o momento em que você ocupa o lugar onde eu estava e eu ocupo a posição onde você estava, terá decorrido algum tempo, ainda que seja uma fração de segundo. E, como a situação anterior não pode ser repetida, nós nunca vemos ou conhecemos as mesmas coisas. (Clark e Holquist, 1998, p. 94)

Entretanto, conforme indica Bakhtin, no "acontecimento da vida" encontra-se desdobrado o princípio do *acontecimento estético*, sustentado por esses indícios conceituais da *extralocalidade*.

Vejamos o que diz o autor (1997, p. 45):

> O excedente de minha visão contém em germe a forma acabada do outro, cujo desabrochar requer que eu lhe complete o horizonte sem lhe tirar a originalidade. Devo identificar-me com o meu outro e ver o mundo atra-

vés do seu sistema de valores, tal como ele o vê; devo colocar-me em seu lugar e, depois, de volta ao meu lugar, completar seu horizonte com tudo o que se descobre do lugar que ocupo, fora dele; devo emoldurá-lo, criar--lhe um ambiente que o acabe, mediante o excedente de minha visão, de meu saber, de meu desejo e de meu sentimento. Quando tenho diante de mim um homem que está sofrendo, o horizonte de sua consciência se enche com o que lhe causa a dor e com o que ele tem diante dos olhos; o tom emotivo-volitivo que impregna esse mundo das coisas é o da dor. Meu ato estético consiste em vivenciá-lo e proporciona-lhe o acabamento.

Nesses termos, a atividade estética parece estar intimamente relacionada com a possibilidade de uma "viagem exotópica", pois, ao ter acesso à paisagem de meu outro, dou acabamento à sua forma, uma vez que vejo o que ele não vê, completo-o ao contemplá-lo.

Podemos entender, por conseguinte, que a contemplação e o acabamento ativo são elementos que constituem a experiência estética, que, em Bakhtin, é assumida pelo princípio interpessoal, ou seja, pela vivência compartilhada e banhada nos processos de significação.

Por isso, Tezza (1996, p. 290), sensível a esse aspecto, não gratuitamente desdobra a discussão sobre o conceito de "viagem exotópica" para uma reflexão acerca dos processos criativos da criança pequena, tendo como foco de análise o acontecimento lúdico.

> [...] quando, numa brincadeira coletiva, um garoto representa um bandido, outro um mocinho etc., temos uma espécie de devaneio, mas nenhum acontecimento artístico. É só com o aparecimento do espectador, cuja observação agrega a atividade infantil num todo, numa unidade, que a mera representação começa a se transformar em atividade artística embrionária [...].

A composição da encenação lúdica, às vezes semelhante ao formato teatral improvisado, apresenta um dos mais interessantes (e pouco abordados) aspectos da ludicidade e da imaginação infantil: sua inicial convergência com o campo artístico.

No teatro, como afirma Kaz (2005), o palco e a plateia coexistem pela provocação das partes, em que o espectador se vê estranhamente revelado pelo personagem. Muitos de nos já vivenciamos essa situação!

Assim também acontece nas ações criadoras das crianças (em seus desenhos, suas brincadeiras etc.), pois algo *é deflagrado* sobre seus modos de pensar e sentir o mundo circundante.

Deslocado da cena, o outro (um adulto, professor ou mesmo um pesquisador) que contempla a representação infantil confere um acabamento à ação que se desenvolve. Desse lugar (de fora), no qual se visualiza a ação criadora, tem-se ampliada a possibilidade de compreensão sobre os pequenos e sua cultura.

Nisso reside sua novidade, própria da "geração" que a criança inaugura! A criação infantil é sempre produzida por um olhar do futuro, ao passo que o tempo do adulto, por exemplo, pontua-se pelo passado geracional que o restringe. É na contemplação do que a criança expressa, de suas leituras e *marcas*, que o adulto (o outro), *estranhamente revelado*, pode viver sua atemporalidade, resgatando, inclusive, elementos daquilo que criou quando criança, ou seja, sua inventividade.

Refletir sobre a dimensão sensível da imaginação e dos processos criativos como parte constitutiva de uma cultura infantil é perceber, assumindo o "lugar de plateia", sua dimensão embrionariamente artística. É, também, buscar condições para um possível diálogo com essas produções, configurando um compromisso com aquilo que a criança representa/revela.

No caso específico do trabalho com crianças, a situação parece imprimir a necessidade de um questionamento sobre a localização daquele que vê (posição) e sobre as condições materiais dessa visão (tempo e espaço).

Assim, os ambientes educacionais (formativos) e, em especial, os escolares parecem ser o local privilegiado para investigações sobre a manifestação da imaginação da criança nas dinâmicas pedagógicas (aluno-aluno e aluno-professor).

Registros, expressões infantis – em formato de desenho, pintura ou jogo dramático – revelam uma autoria que permite a um contemplador ou leitor descortinar *pegadas* ali deixadas. Desse modo, parece relevante investigar até que ponto os professores têm condições efetivas de se constituir como *leitores* e quais são as chances oportunizadas aos pequenos de ser *autores*.

RELEMBRANDO

Ao longo deste capítulo, vimos que:

Muitas foram as correntes teóricas que se preocuparam em estudar a imaginação, buscando desvendar as inúmeras relações entre a produção de imagens, a percepção do real e a forma como a imaginação humana se estruturava. Porém a configuração conceitual apresenta-se em diferentes vertentes interpretativas.

Vygotsky interessou-se por focalizar o funcionamento da *imaginação* e da *fantasia* no desenvolvimento. A imaginação surge da necessidade que experimenta o indivíduo de adaptar-se ao meio que o rodeia. É a base criadora oriunda dos desafios, da inadaptação, impostos pelo ambiente.

A imaginação é apresentada, pela perspectiva histórico-cultural, como uma função basicamente humana que se estrutura com base nas experiências diretas (ou indiretas) do indivíduo com a cultura.

A atividade criadora infantil (faz de conta, desenho, narrativas etc.) pode ser compreendida como um espaço peculiar em que as crianças se expressam de forma sensível sobre o universo que as cerca, revelando suas leituras da realidade (vivido e sentido).

A atividade estética parece estar relacionada com uma provável viagem exotópica. Ao contemplar o outro, sou capaz de ver o que ele não consegue. Ou seja, pela vivência compartilhada, completo e constituo o outro; e assim ele também o faz comigo.

Vimos a importância do adulto para a criança na mediação de seus processos imaginativos e criativos. Em específico, o professor, que deve estar sensível diante das produções criadoras gráficas e não gráficas das crianças. Nelas estão suas escritas e leituras de mundo. Assim, cabe ao professor, em um primeiro momento, auxiliar as crianças a revelar os frutos de sua criação com maior segurança, sem esperar tantas respostas e/ou ações prontas. Além disso, é mister deixá-las falar sobre o que criam, possibilitando que as crianças se expressem. É fundamental ouvi-las com muita atenção.

Imaginação, criança e escola | 35

SUGESTÃO DE ATIVIDADES

Apresente a música "Carimbador maluco" (Raul Seixas) aos seus alunos. Em seguida, peça-lhes que imaginem um cenário bem fantástico. Por exemplo: que eles estão viajando em um foguete ou em um cometa com rabo de fogo para conhecer o espaço sideral, conforme sugere a composição. Sugira que, nessa viagem, eles descubram um planeta mágico, bem distante da Terra. Explore esse lugar ficcional: cheiro, cor, habitantes, flora e fauna. Ao final, eles podem conversar em roda sobre a vivência e fazer um registro gráfico sobre o lugar criado, inventando uma história do planeta encontrado. **Observação**: As produções artísticas do pintor espanhol Miró são muito evocativas de cenários infantis, com a presença de noite, lua, estrelas etc. Você pode propor um diálogo entre a produção das crianças e as imagens do pintor. Ao terminar a experiência da "viagem sideral", peça às crianças que façam um desenho sobre esse lugar e conversem um pouco sobre esse registro, tendo como inspiração as proposições artísticas do famoso pintor.

Invente com seus alunos um canto de faz de conta. Veja a possibilidade de compor cenários com roupas, sapatos, objetos do cotidiano e brinquedos. Observe e anote a brincadeira de seus alunos. Se tiver vontade, brinque com eles!

Aproveite um tema que surja nos momentos de conversa em roda e crie uma história coletiva para ser encenada como um pequeno teatro. Caracterize os personagens, de preferência com desenhos e colagens elaborados pelos alunos. Vocês podem criar juntos os cenários e as vestimentas. Escreva a peça junto com eles, respeitando o modo de registro das crianças. Será muito divertido!

Imaginação na escola: múltiplos olhares

Introdução

Neste capítulo, abordaremos o tema da imaginação e da criação tendo como cenário a escola, em especial a sala de aula. Para tanto, discutiremos as políticas educacionais que enfocam os processos criativos e estéticos e a repercussão dessas diretrizes na formação docente e na prática pedagógica.

Outro ponto que problematizaremos diz respeito ao modo como as escolas têm tratado as atividades imaginativas (faz de conta, desenho e narrativa) em seu cotidiano pedagógico, partindo de um levantamento de estudos realizados recentemente sobre essa questão.

Ao final, sinalizaremos os entraves (em forma de impeditivos) identificados pelos docentes para a exploração do universo imaginativo das crianças. Nesse caso, o tempo e a rotina escolar parecem dificultar a expressão criativa dos pequenos.

> **Este capítulo propõe:**
> - Retratar como o contexto escolar tem concebido os processos de imaginação em sala de aula.
> - Revelar a importância do professor como mediador nos processos de ensino e aprendizagem no que tange às manifestações criativas das crianças.
> - Instigar o educador a realizar uma reflexão sobre a sua prática, tendo como foco o modo como ele observa os processos criativos da criança pequena.

Educação, imaginação e práticas pedagógicas

Durante muito tempo, as questões relacionadas à imaginação das crianças no contexto escolar estiveram envolvidas em penumbra. Na verdade, raros foram os trabalhos investigativos que se voltaram para temas relacionados à dimensão criativa no contexto educacional. Em acordo com essa realidade, as escolas tenderam a negligenciar (em suas propostas curriculares e em seus projetos pedagógicos) a vivência sensível e estética de alunos e professores, na medida em que privilegiaram o compromisso formalista, secularmente constituído por suas práticas conteudísticas, estruturadas em um ensino fragmentado em grades disciplinares. Mesmo o campo das artes (como disciplina escolar), mais próximo dos interesses criativos, sofreu profunda deformação por conta da confusão de seu *conteúdo* travestido em *aulas* de desenho geométrico.

Entretanto, atualmente, em resposta aos estudos realizados nas últimas duas décadas no Brasil, a temática dos processos criativos, da estética sensível etc. vem ganhando espaço e relevância na implementação de políticas públicas para a educação básica. Ao mesmo tempo, investigações na área da arte e da educação se deslocam gradativamente do campo marginal para a esfera central de assuntos pertinentes ao trabalho escolar.

Decerto, tem-se o investimento pontual de alguns municípios na composição de núcleos de arte, "centros culturais comunitários", escolinhas de arte etc., por meio da consolidação de parcerias entre as Secretarias de Cultura e Educação.

Além disso, não é raro observar em museus a existência de departamentos e programas educacionais específicos para atendimento a professores e alunos da rede pública e privada de ensino. Oficinas e cursos de extensão são acessíveis aos setores da educação, e inúmeros profissionais vêm compondo um verdadeiro diálogo *museu e escola*.

Porém, tais ações estão longe de se afirmar como soluções efetivas para os impasses que enfrenta a experiência criativa na escola. Mesmo com os avanços teóricos, metodológicos e tecnológicos, a instituição escolar ainda não tem obtido êxito na resolução de suas dicotomias intrínsecas: espírito *versus* intelecto; sensibilidade *versus* razão. Tímidas iniciativas, no entanto, apontam para novas e interessantes indagações sobre o espaço educacional, constituindo propositivas (re)invenções utópicas acerca do estatuto da atividade criadora e de sua articulação com o trabalho pedagógico.

Imaginação, criança e escola | 39

É importante ressaltar que os próprios documentos oficiais estão comprometidos (de alguma forma) com as questões relativas ao acontecimento estético na sala de aula e aos processos criativos e imaginativos de professores e alunos.

As Diretrizes Curriculares Nacionais que foram definidas pela Câmara de Educação Básica do Conselho Nacional de Educação com base no art. 9º, inc. IV, da Lei n. 9.394, de dezembro de 1996, Lei de Diretrizes e Bases da Educação Nacional LDB, preveem como uma das incumbências da União "estabelecer, em colaboração com os Estados, Distrito Federal e os Municípios, competências e diretrizes para a educação infantil, o ensino fundamental e o ensino médio, que nortearão os currículos e os seus conteúdos mínimos, de modo a assegurar a formação básica comum".

De acordo com tal atribuição legal, os princípios, entre os quais os estéticos, que fundamentam as atuais Diretrizes Curriculares Nacionais, revelam a intenção política do Estado na reorganização da educação básica no Brasil. Essas diretrizes foram organizadas em documentos distintos para o ensino fundamental, para o ensino médio e para a educação infantil, respectivamente, por meio de três resoluções, as duas primeiras aprovadas em 1998 e a última em 1999 (Trojan, 2004, p. 1).

No corpo das Diretrizes Curriculares Educacionais para a Educação Básica, por exemplo, apresenta-se a temática da estética como um dos elementos norteadores do princípio curricular. Nas resoluções aprovadas em 1998, destaca-se aquela relatada por Regina de Assis, em que se coloca centralmente a necessidade de as instituições de ensino fundamental sistematizarem suas ações pedagógicas integradas aos princípios da estética, da sensibilidade, da criatividade entre outros.

Além disso, no que tange especificamente ao ensino médio, no documento relatado por Guiomar Namo de Mello, articula-se a dimensão sensível aos aspectos éticos e políticos. Contudo, apesar do aumento qualitativo da problematização educacional de aspectos relacionados à criatividade, à ludicidade, à estética da sensibilidade etc., Trojan (2004) argumenta que tais conceitos estão apresentados nos documentos oficiais de modo descontextualizado, ou seja, por uma concepção de estética baseada na aparência e superficialidade. A Resolução CEB n. 3/98 aponta, no art. 3º, inc. I, o seguinte princípio:

40 | Daniele Nunes Henrique Silva

[...] a Estética da Sensibilidade, que deverá substituir a da repetição e padronização, estimulando a criatividade, o espírito inventivo, a curiosidade pelo inusitado, e a afetividade, bem como facilitar a constituição de identidades capazes de suportar a inquietação, conviver com o incerto e o imprevisível, acolher e conviver com a diversidade, valorizar a qualidade, a delicadeza, a sutileza, as formas lúdicas e alegóricas de conhecer o mundo e fazer do lazer e da imaginação um exercício de liberdade responsável. (Brasil, 1998b)

No âmbito da educação infantil, as repercussões oficiais foram mais rápida e radicalmente desdobradas e merecem destaque.

As atuais concepções sobre cultura e produção infantil, bem como os recentes movimentos sociais de professores e intelectuais sobre a questão da educação e do cuidado com as crianças pequenas, alteraram o teor assistencialista e/ou compensatório vigente até a década de 1970 (Kramer, 1984).

De fato, a partir da década de 1990, postula-se um conceito contemporâneo sobre a infância que contemple a necessidade de entender os espaços destinados à experiência infantil sempre articulados a um projeto educacional mais amplo, em que as ações de cuidar/educar se afetem reciprocamente, e de a produção (modos de expressão) e a experiência cultural dos pequenos serem prioritariamente problematizadas (Steinberg e Kincheloe, 2001; Faria *et al.*, 2002).

Nesse sentido, a publicação do Referencial Curricular Nacional para a Educação Infantil (RCNEI/1998) foi um marco significativo no que diz respeito a políticas públicas para infância. Embora bastante criticado em sua formulação, o documento prioriza a ênfase educacional no trabalho com as crianças pequenas e no atendimento a elas e salienta a importância dos aspectos lúdicos e criativos no desenvolvimento infantil. Além disso, demarca a relevância e a necessidade de garantir a fluência dos processos imaginativos das crianças nos espaços educativos.

Apesar de tais esforços, os referenciais apresentam ambiguidades, como sinaliza Germanos (2001). Se é fato que os aspectos levantados sobre o lúdico e sua centralidade no desenvolvimento infantil buscam incentivar os professores a compor situações pedagógicas em que a fantasia seja favorecida e vivenciada plenamente pelos pequenos, tal encorajamento encontra barreiras interpretativas e conceituais, pois, no próprio documento, o brincar é a um só tempo abordado como eixo norteador (visão transdisciplinar), como área conteudística (concepção disciplinar) e como facilitador dos processos de ensino e aprendizagem (caráter didático/instrumentalizador).

A confusão conceitual acontece igualmente nas inúmeras e contraditórias posições assumidas pelos professores no que se refere às questões criativas e imaginativas das crianças e a seus desdobramentos educacionais, que as tornam *problemáticas* em virtude das condições de formação dos educadores atuantes nesse nível de ensino.

Nos dados do censo escolar (1994-2001), por exemplo, nota-se uma variação no perfil profissional do educador da educação infantil. Algumas escolas têm pajens/cuidadoras; outras, assistentes e/ou professores. Alguns professores têm formação acadêmica, mas parte considerável deles compõe e organiza sua ação pedagógica intuitivamente. Por isso, é comum observar educadores, diante de situações desconhecidas, resolvendo-as por meio de suas experiências de vida, sem realmente saber *como* ou *por que* tomam tais atitudes.

Segundo Priscilla Borges, em matéria publicada em 30 de maio de 2010 no site Último Segundo, os dados do censo escolar divulgados pelo Instituto Nacional de Estudos e Pesquisas Educacionais Anísio Teixeira (Inep) apontam que o número de professores sem formação superior aumentou em todos os níveis de escolarização da educação básica. Em 2009, o censo escolar registrou que 152.454 profissionais, representando 7,7% dos docentes, ministram aulas sem a formação necessária para atuar – em instâncias que vão da creche ao ensino médio. No entanto, apesar de ser um número relativamente baixo para o total de 1.977.978 de professores, especialistas se revelam alarmados pelo crescimento de profissionais sem qualificação, que em 2007 eram de 6,3%. Vale destacar que o maior aumento se deu no âmbito da educação infantil, subindo de 16,1% em 2007 para 19,6% em 2009.

(Fonte: http://ultimosegundo.ig.com.br/educacao/professores+leigos+crescem+35+em+dois+anos/n1237642304484.html. Acesso em: 2 de jun. 2010.)

Nesse contexto, o conhecimento baseado no senso comum (não em conhecimentos científicos), característico da formação precária dos docentes, desdobra-se na reprodução de rotinas, técnicas e estratégias já conhecidas e experimentadas por parceiros anteriores ou observadas em seus formadores.

Soma-se a essa situação *reprodutivista* mais ampla o fato de, em cada local do país, as creches e pré-escolas configurarem-se de modo peculiar, tanto no aspecto relacionado aos recursos humanos como do ponto de vista estrutural e gestor. Essa variedade faz da educação infantil um espaço bastante multifacetado, contraditório, em que cada instituição apresenta-se de modo singular.

Ademais, nas práticas escolares (incluindo-se toda a extensão da educação básica) tanto do ponto de vista curricular como no âmbito das propostas pedagógicas mais amplas, foram colocados de forma bifurcada e hierarquizada os espaços de imaginar e aprender. Ou seja, configurou-se uma tradicional concepção segundo a qual a aprendizagem efetiva se dá por meio do controle da mente e do corpo. A disciplina, foco central de parte efetiva das dinâmicas pedagógicas, pode-se perder nos impulsos *desviantes* da criação.

Sobre isso Leite (2004a) comenta, ao citar Comênio (*Didática Magna*), que a sala de aula tem como herança uma concepção de educação voltada para formas de controle da ação e do tempo do aluno. Os processos guiados pela imaginação, muitas vezes, por força de sua imprevisibilidade, provocam mal-estar no adulto e medo na escola, porque desnudam o desconhecido, ou melhor, rompem com o planejado, com o esperado.

Jan Amos Komenský era de fato o nome de Comênio (1592--1670), professor, cientista e escritor tcheco. Seu principal livro é *Didática Magna*, no qual ele formulou contribuições acerca do sistema articulado de ensino, reconhecendo o saber como direito de todos. Comênio foi o primeiro educador no ocidente a se interessar pela relação entre ensino/aprendizagem da criança. Seu principal interesse era o "ensino de tudo para todos".

(Fonte: http://revistaescola.abril.com.br/historia/pratica-pedagogica/pai-didatica--moderna-423273.shtml. Acesso em: 6 jun. 2011.)

O International Congress on Aesthetics Creativity and Psychology of the Art (Congresso Internacional sobre Estética, Criatividade e Psicologia da Arte) – realizado na cidade de Perm, Rússia, em 2005 – buscou problematizar, na mesa-redonda que promoveu sobre "Criatividade: idade, gênero e aspectos profissionais", o funcionamento criativo de crianças em idade pré-escolar, em adolescentes e adultos (na graduação), bem como abordou o papel do professor e das relações pedagógicas diante das produções imaginativas dos alunos (Poroshina e Pakhorukova, 2005; Volchegorskaya, 2005).

Dos trabalhos apresentados, destaca-se o estudo de Natalia Rossina (2005), que ressaltou a emergência dos processos criativos na sala de aula articulada à experiência relacional professor-aluno.

Na investigação da autora, um grupo de alunos do Instituto de Psicologia Kirov (Rússia) decidiu refletir sobre aspectos referentes ao espaço da criatividade nas práticas acadêmicas universitárias por meio de reuniões, trabalhos em grupo (diretivos) e oficinas pedagógicas. Entre os argumentos dos alunos, para que haja efetiva experiência criativa na universidade, dois aspectos são sinalizados:

▶ a relevância das trocas coletivas como "potencializadoras" da criatividade individual;

▶ a importância de que a dinâmica relacional entre professor e alunos seja *horizontalizada*, acolhedora e com trocas comunicativas efetivas.

Rossina argumenta que, tradicionalmente, as práticas educacionais privilegiaram posturas centradas na autoridade e no direcionamento do professor, o que acarreta uma "intimidação" do desenvolvimento criativo dos alunos de qualquer faixa etária. A situação intimidadora enfrentada pelas crianças no tratamento de suas produções criativas pode ser também verificada nos trabalhos que versam sobre a representação social de crianças acerca de suas experiências escolares (Gonçalves, 2001).

Ao final do congresso, os pesquisadores ressaltaram a necessidade de refletir sobre a questão da criatividade e da experiência escolar com base em quatro aspectos centrais:

44 | Daniele Nunes Henrique Silva

1. A necessidade de maior intercâmbio entre as escolas e as manifestações artísticas (locais e globais).
2. O aprofundamento da crítica sobre a *vocação* técnica e reprodutivista da formação docente, que fragmenta os conteúdos formais e não enfatiza dimensões relacionadas à criatividade.
3. A importância da criação de espaços de qualificação que *recuperem* a autonomia (autoria?) do professor sobre sua ação/reflexão pedagógica, o planejamento e a utilização de recursos didáticos.
4. A crise da educação formal que dissocia a experiência sensível (estética) dos processos de ensinar e aprender (conhecimento *versus* imaginação).

De fato, os conteúdos, as regras, os processos normativos e conteudísticos são comumente privilegiados, não somente na escola como em todas as dinâmicas sociais. O *cenário escolar*, na maioria das vezes, reproduz concepções hegemônicas mais amplas que se traduzem na relevância da razão e da verdade científica em oposição aos elementos da experiência sensível e ao campo da imaginação e das artes.

Com base na herança pedagógica mais tradicional, o espaço da sala de aula não consegue ser experimental, utópico, produtor de novidades, configurando-se prioritariamente como reprodutor de ideologias que permeiam as atividades educacionais e as estratégias pedagógicas.

Não é, portanto, estranho evidenciar, ao final do ensino regular, um decréscimo considerável das produções criativas das crianças, como sinaliza Franchi (2002) em sua pesquisa sobre a produção de texto nos anos iniciais.

Por isso, impõe-se ampliar os esforços investigativos para compreender os modos de manifestação da imaginação da criança na escola, revelando-se a necessidade de rediscutir as práticas tradicionais de formação docente, que ainda privilegiam o conteúdo da racionalidade técnica (Henriques, 2004).

Para melhor investigar as formas de manifestação da imaginação e dos processos criativos da criança na escola, é inevitável, porém, revisitar as representações hegemônicas, social e historicamente produzidas, sobre a fantasia e seus desdobramentos nas dinâmicas interativas professor-aluno/aluno-aluno, que têm consolidado concepções múltiplas, contraditórias, acerca do sentido de educar, conhecer, aprender e imaginar.

A imaginação e as dinâmicas interativas na sala de aula

Na abordagem histórico-cultural, principal referência teórica deste livro, privilegiam-se centralmente os modos de participação do outro nos processos de ensino e aprendizagem. As relações (professor-aluno e aluno-aluno) são destacadas nas investigações e análises do dia a dia educacional.

De fato, a posição que o adulto ocupa diante das produções infantis, em especial nas atividades guiadas pela imaginação (desenhos, narrativas, brincadeiras etc.), além de consolidar uma visão sobre o espaço pedagógico, também reflete a forma como as próprias crianças significam suas ações.

O professor, por sua função social específica, pode garantir espaços de mediação que encorajem as manifestações criativas das crianças ou as inibam. É, portanto, na atenção especial às maneiras de este se colocar diante das produções infantis que os estudos na perspectiva histórico-cultural voltam-se para a caracterização da atuação docente.

Rocha (2000) pesquisou a emergência das brincadeiras infantis numa pré-escola, relatando as censuras das professoras nos momentos de desenvolvimento da atividade lúdica. Nos episódios analisados pela autora, o faz de conta, quando autorizado, é uma iniciativa das crianças que evolui sem muita preocupação docente.

É um "momento livre", em que se pode deixá-las no parque sem grandes preocupações, excetuando-se os momentos de disputa de material, confusões entre as crianças, aspectos da organização e da disciplina dos pequenos. Contraditoriamente, em outros fragmentos (quando a professora participa da brincadeira), observa-se uma *condução* docente das encenações lúdicas para avaliação, "ensino" etc. dos conteúdos escolares previstos na pré-escola.

> Ana mostra para a professora uma "mamadeira" feita com um pote de iogurte e massinha, que compõe o bico, e três "botões", que produzem leites de sabores diferentes (leite, morango e leite condensado). Sempre que a criança apresenta as possibilidades da mamadeira, a professora pergunta: "Leite quente ou leite frio?; "O que é quente que você conhece? Alguma coisa que você conhece que é quente?"; "O que é doce que você conhece?"; "O que é salgado"; "Sal é azedo?", solicitando a correção das respostas. (Rocha, 2000, p. 76)

O traço condutivo, afirma a autora, acarreta uma descaracterização do próprio funcionamento lúdico, que, ao longo do ano letivo, vai produzindo nas crianças a ideia de que a brincadeira é uma atividade diversa da produção cognoscitiva.

A essa prática, incorporada à concepção hegemônica (valorizada por pais, professores etc.) de que a brincadeira é inferior, menos importante que os aspectos conteudísticos, soma-se o sentido de que a escola é um espaço para fazer lições, exercícios e o "dever".

Silva (1993), ao pesquisar o desenho infantil, identifica, assim como Rocha (2000), *atitudes impeditivas* e/ou *orientações pedagógicas* diante das produções dos pequenos. Em muitos momentos, a professora *instrumentaliza* o modo de a criança confeccionar seu desenho, por meio da intervenção e determinação de cores a ser usadas e de uma padronização estética presa a critérios figurativos, que se colam na transposição do real para o campo da composição gráfica.

Uma vez que a prática docente prioriza o produto em detrimento do processo em que se compõe o desenho, os aspectos do funcionamento imaginativo são negligenciados. Ou seja, a maneira de a criança elaborar a sua composição, aquilo que ela fala durante seu processo criativo, com quem ela negocia e compartilha o seu traçado, suas opções estéticas etc. não são questões focalizadas pela professora.

Ferreira (1998) preocupa-se igualmente em investigar a emergência da imaginação nos desenhos das crianças a partir da perspectiva histórico-cultural. A autora confirma as análises de Silva (1993) sobre o espaço desprestigiado, nas instituições de ensino, das composições gráficas dos pequenos. Ela aponta, especialmente, a contraditória posição dos adultos/professores que ora incentivam o desenho, principalmente quando da elaboração de algum *trabalho* associado a ocasiões especiais (Dias das Mães, feiras escolares etc.), ora propõem "desenhos livres" cujo objetivo é ocupar o tempo entre uma atividade e outra, menosprezando a esfera efetiva de produção das crianças.

Em sua pesquisa, a autora reflete sobre a participação do outro diante das elaborações dos desenhos por considerar que, na relação adulto-criança e criança-criança, configuram-se aprendizagens, inclusive, dos modos de desenhar e imaginar.

> O desenho do "outro" pode impulsionar o seu desenho e, na inter-relação, a figuração pode transformar-se. A fala do "outro", manifestada no processo de produção do desenho, também pode produzir elaborações no desenvolvimento gráfico da criança. Estimulada pela fala do "outro", a criança pode imitar um esquema figurativo que, associado ao internalizado, pode transformar-se numa nova figuração. Nesse momento interativo, viabilizam-se muitas formas de "apropriação" de conhecimentos, relações, palavras dos "outros". (Ferreira, 1998, p. 52)

As reflexões de Ferreira são relevantes para evidenciar que, dialeticamente, a escola pode configurar-se, de um lado, como espaço de impedimento e limitação dos processos criativos e, de outro, como cenário de expansão e apropriação de novos modos de compreender, por meio do outro, as inúmeras maneiras de representar e expressar-se graficamente sobre o real.

Para a autora, as tensões entre limites/expansões, permissão/interdito da imaginação na sala de aula estão vinculadas às formas pelas quais os adultos compreendem e significam as composições infantis, ou melhor, seus modos de interpretação da produção da criança.

Certamente as falas do "outro" (posições que toma) chamam a atenção da criança sobre o próprio desenho, atribuindo-lhe "valor", sentido. Além disso, na dinâmica interativa, a criança não apenas evidencia suas "escolhas" simbólicas (o que vai desenhar), mas revela seus modos de pensar o desenho e os componentes de sua fantasia. Sua figuração criativa é uma forma peculiar de atividade mental que encerra um significado subjetivo, resultante de uma interpretação do ambiente cultural que a cerca, "da realidade conceituada" (Ferreira, 1998, p. 41).

Além do faz de conta e do desenho, a narrativa é outro campo da expressão criadora da criança que merece especial atenção. Góes (1997) demonstra que, embora os momentos de contar histórias sejam valorizados nas dinâmicas pedagógicas, ainda há restrições da professora no tratamento da narratividade infantil.

O narrar pode ser silenciado, deslocado ou instrumentalizado (como no jogo de papéis), pois há um encorajamento da descrição, da caracterização e da conceituação do que os pequenos narram. São comuns, por exemplo, situações em que as crianças contam o que foi vivido (como nas "rodas de novidades"), relatando casos mesclados com eventos imaginários, e a professora tenta conduzi-las a uma operação de conhecimento formal.

O estudo investigativo de Leite, A. (2004) também levanta questões sobre a experiência imaginativa na educação infantil. Ao esclarecer os modos de atuação do professor diante das ações imaginativas que surgem na sala de aula, a autora examina os momentos de permissão, censura e interdição docentes em relação às configurações imaginativas das crianças. Na sua análise dos dados, são retomados os aspectos levantados por Rocha (2000) e por Silva (1993), e se conclui que a vivência fantástica é subestimada pelas ações pedagógicas.

Em síntese, pode-se afirmar que as reflexões de Leite tangenciam dois pontos centrais convergentes aos modos interpretativos de os docentes significarem a imaginação das crianças: primeiro, a identificação da brincadeira de faz de conta como única ação da criança guiada pela imaginação, o que acarreta dificuldades para os docentes compreenderem o desenho, a narrativa e a escrita como atividades também configuradas por uma dimensão imaginativa; segundo, o ideário de que a experiência lúdica não é produtiva e, por isso, o seu tempo e espaço, no planejamento pedagógico, são restritos em relação às atividades escolares conteudísticas ("sérias").

Além desses aspectos, a pesquisadora alerta para o fato de que o sentido e a emergência da experiência lúdica vão se alterando gradativa e decrescentemente da entrada da criança no início das classes de educação infantil até a turma do pré-escolar (que antecede o início do ensino

Imaginação, criança e escola | 49

fundamental). Se, no início, as crianças sentem-se mais tranquilas para compor seu universo fantástico, na última etapa da educação infantil elas passam a revelar *receio* de mostrar às professoras que estão brincando, pois a ênfase das atividades escolares é no cumprimento de tarefas.

Para finalizar, a autora assinala que a imaginação da criança na escola parece percorrer um caminho de contradições. Por um lado, é atividade *prejudicial* e *dispensável* e, por isso, precisa ser interditada e censurada; por outro, é *permitida* e útil, pois favorece as competências abstratas dos pequenos (por sua característica transgressora do real) que, ao serem *didatizadas*, favorecem o desenvolvimento de conteúdos acadêmicos.

Em síntese, na reflexão sobre os estudos aqui apresentados, tem-se evidenciado o lugar ocupado pelo docente na condução de processos criativos e imaginativos dos pequenos. Há, de fato, uma forte tendência a desqualificar as reflexões imaginativas das crianças em detrimento da adesão à elaboração do real. Esse processo, articulado à disciplina dos corpos e ao aumento valorativo dos conteúdos formais nas relações de ensino, desdobra-se em direção a uma contenção da experiência imaginativa na infância que, aos poucos, *parece* silenciar os alunos e suas produções.

Em pesquisa realizada por Silva e Abreu (2010), tendo como público professores de uma escola associativa do Distrito Federal, buscou-se discutir em reuniões pedagógicas assuntos relativos à experiência autoral no trabalho docente. Os dados apresentados revelam que os temas da imaginação e da criatividade ainda são bastante confusos e pouco trabalhados na formação dos educadores. De fato, estes tendem a relacionar o ato criativo como algo intrínseco ao sujeito, surgindo de forma inata e sem ligação com as condições de produção de conhecimento da própria escola.

Na tentativa de entender essa problemática, Abreu e Silva (2010) perguntaram aos professores o que eles pensavam sobre a experiência criativa na escola, em especial na sala de aula.

Buscando principalmente compreender a relação entre o modo de funcionamento da imaginação e as experiências vividas pelos docentes no cotidiano institucional da escola, foram ouvidos dez professores da educação básica regular, na forma de entrevistas semiestruturadas, nas quais se procurou discutir a experiência autoral docente.

Nas análises apresentadas pelos entrevistados, pode-se notar que planejamentos e avaliações estão orientados para o objetivo instrucional e que a concepção de aula está baseada nos princípios de uma educação voltada apenas para potencializar o aluno em aspectos de habilidade do conteúdo formal já preestabelecido. As demais atividades, que visam às expressões criativas, que se destacam pela imprevisibilidade, pela liberdade de expressão e experiência sensível, acabam sendo colocadas à margem e consideradas sem importância – e, por isso, restringidas. Os docentes ainda se prendem à ideia de que a liberdade de expressão criativa é algo que necessita ser controlado e/ou castrado pelo professor (Abreu e Silva, 2010).

Cada acontecimento criativo aponta para uma dimensão revolucionária, inquieta, da experiência subjetiva. Desde criança, o universo imaginativo povoa as criações cotidianas dos pequenos. Desenhar, contar histórias, brincar são situações demonstrativas das maneiras de as crianças se expressarem e interpretarem o real, o vivido e(m) suas dinâmicas culturais.

Por isso, partindo da vertente histórico-cultural, mais especificamente das colaborações do psicólogo Lev Seminovich Vygotsky, buscamos aprofundar reflexões sobre a imaginação das crianças em idade pré-escolar, priorizando as observações orientadas para o plano interno das relações travadas em sala de aula.

Considerando-se os elementos já evidenciados nas pesquisas mencionadas sobre a imaginação na escola e o posicionamento conservador do adulto (especificamente, o professor) diante das produções infantis, cumpre focalizar, centralmente, as crianças e suas reações.

Nesse sentido, procura-se analisar os modos de funcionamento imaginativo e as experiências vividas pelas crianças pequenas no cotidiano institucional. Ou seja, como se manifesta e se configura a imaginação das crianças na escola?

Com base nas pesquisas já realizadas, que apresentam o lugar da *censura*, da *interdição* como elemento constante na intervenção do professor sobre a manifestação imaginativa de seus alunos, torna-se relevante indagar: as crianças *reagem* aos impeditivos? Se a resposta é positiva, como reagem? De que maneiras compõem seus cenários imaginativos em situações adversas ao desenvolvimento pleno de seus potenciais imaginativos? O que falam sobre suas experiências imaginativas na escola?

Imaginação, criança e escola | 51

RELEMBRANDO

Ao longo deste capítulo, vimos que:

❰ Apesar da ênfase atribuída por diversos autores, a imaginação não é preocupação central nas práticas cotidianas de sala de aula nem nos projetos pedagógicos das escolas. Como é um tema pouco explorado pela bibliografia educacional, acaba também não sendo problematizado com professores em formação inicial ou continuada. Estes, em suas atividades docentes, estão encerrados em planejamentos que enfatizam os saberes institucionais, tradicionalmente já esperados. Além disso, estão marcados por exigências burocráticas, métodos pedagógicos e material didático que diminuem suas possibilidades de criar e de transformar no/o contexto educacional.

❰ A formação dos professores tem privilegiado, tradicionalmente, o enfoque disciplinar e controlador dos processos de ensinar e aprender na escola. Os planejamentos e as avaliações estão orientados para esse objetivo instrucional, e a concepção de aula está fundada nesses princípios. Todas as outras atividades – como as expressões criativas – que se destacam pela imprevisibilidade, pela liberdade de expressão e pela experiência sensível acabam sendo marginalizadas e, por isso, restringidas.

❰ Imaginar e conhecer são processos inseparáveis na atividade humana, constituindo-se o princípio do processo criativo. Para os teóricos da corrente histórico-cultural, a ação criadora se manifesta ao longo de todo o processo de desenvolvimento ontogenético, em especial na infância. Dessa forma, a maneira como as crianças manifestam suas expressões criativas, seja por meio das brincadeiras, narrativas ou desenhos, demonstra não somente seus modos de pensar sobre o real, mas também de senti-lo e interpretá-lo.

❰ A atividade criadora infantil (faz de conta, desenho, narrativas etc.) pode ser compreendida como um espaço peculiar em que as crianças se expressam de forma sensível sobre o universo que as cerca, revelando suas leituras da realidade (vivido e sentido).

SUGESTÃO DE ATIVIDADES

 Você já parou para pensar como tem trabalhado o processo de imaginação em sala de aula? Experimente fazer com seus alunos um painel em que todas as coisas sejam possíveis. Você pode pegar papel pardo (quantas folhas achar necessário) e fixar uma folha na outra com fita adesiva (para formar um painel bem grande em que as crianças desenhem). Em seguida, selecione tinta das mais variadas cores e proponha a seus alunos desenhar de forma livre.
Pode ser que eles pintem com pincéis ou com os dedos. Enquanto o desenho estiver sendo produzido, anote o que seus alunos falam/narram! Você vai se surpreender com o que eles contam sobre o que produzem e como produzem! (Antes de iniciar o trabalho, converse com os alunos sobre a atividade e o que eles desejam fazer no painel. Vocês podem escolher uma temática de interesse comum da turma.)

Trabalhando com sucata...
Pode ser uma tampa de garrafa, uma lata ou uma embalagem de pasta de dente. Sugerimos uma conversa com as crianças para a criação de algo diferente para ficar na sala de aula (pode ser um personagem de um livro que eles estão lendo, por exemplo).
Para a atividade ficar mais interessante, indicamos a leitura do livro infantil *Maneco Caneco Chapéu de Funil* (Luis Camargo, Ática).

Vamos fotografar?
Chame sua turma para dar um passeio em volta da escola, mas antes peça a eles que peguem suas câmeras fotográficas (de faz de conta) na mochila. Explique que cada um vai tirar a foto da parte de que mais gostar. Ao sair com a turma, movimente-se como se (também) estivesse tirando foto. De volta à sala, diga que cada um precisa revelar sua foto para colocar na parede. Assim, dê uma folha branca aos alunos e peça que desenhem a foto que tiraram

no passeio. Oportunize a discussão sobre produzir a imagem (tirar a foto) e a relação entre realidade e imaginação. Além disso, discuta sobre o tempo que decorre da foto tirada e da imagem vista. Essa é uma boa forma de explorar as relações entre imaginação e memória!

Entrando na imaginação: a interação adulto-criança e criança-criança na sala de aula

Introdução

Neste capítulo, veremos algumas situações de sala de aula em que se pode observar o modo como se manifestam os processos criativos das crianças em idade pré-escolar. Os episódios, coletados por meio de videogravação, são oriundos de um trabalho investigativo realizado em 2006 em uma escola estadual do Rio de Janeiro, que atendia preferencialmente moradores de uma das favelas da região.

Durante um semestre, em encontros semanais, uma turma composta por 15 crianças foi acompanhada. O trabalho de registro dos dados foi estruturado a fim de captar diferentes momentos de ação imaginativa organizados pelos pequenos, inclusive os que se desdobravam com base em tarefas pedagógicas dirigidas pela professora.

Cenas e movimentos imaginativos na sala de aula

Com base no material coletado, que será explicitado mais adiante, poderemos observar que as atividades propostas em sala de aula, dirigidas pela professora da turma, tangenciavam aspectos relacionados ao funcionamento

> **Este capítulo propõe:**
> - Problematizar a manifestação dos processos criativos em sala de aula.
> - Refletir acerca da importância do papel do professor como mediador das experiências criativas das crianças.
> - Analisar os mecanismos impeditivos da expressão criativa infantil em contextos educacionais.

56 | Daniele Nunes Henrique Silva

imaginativo das crianças. De fato, em inúmeros momentos da pesquisa percebemos que a docente recorria à composição de ações pedagógicas para desenvolver conteúdos programáticos que se articulavam às esferas imaginativas dos pequenos, tais como a produção de desenhos, a contação de histórias etc.

Essas "atividades livres" (assim denominadas pela professora durante a pesquisa) tinham como objetivo pedagógico:

▶ ensinar os conteúdos formais previstos no planejamento anual de forma mais variada;
▶ verificar a compreensão das crianças acerca dos conteúdos sistematizados em sala de aula.

Em torno de tais atividades, identificamos a posição docente diante das ações das crianças. Ou seja, a submissão da imaginação infantil às regras de conduta que se orientam para um *pensamento realista*.

Essa constatação segue (de modo semelhante) a direção analítica já levantada pelos estudos anteriormente realizados na perspectiva histórico-cultural (Rocha, 2000; Silva, 1993; Leite, A., 2004), que identificam a escola como um local que limita/impede o imaginativo, ao priorizar *certa conceitualização do real*.

Mas, contraditoriamente, da observação dos episódios analisados sobressai que, diante da censura docente, as crianças constroem situações de *resistência contra a instrumentalização do imaginativo*. Na maioria das vezes de forma clandestina, criam enredos de fantasia, transgredindo a atividade pedagógica sistematizada pela professora. Esse item merece especial destaque e será problematizado posteriormente, até porque se trata de aspecto não aprofundado em trabalhos sobre imaginação, escola e infância.

Vamos ao episódio!

Episódio 1 – A história do feijão (parte 1)

A professora pede a atenção dos alunos e comenta sobre a experiência que haviam feito com o grão de feijão (trabalhava-se o tema "ve-

Imaginação, criança e escola | 57

getais" a pedido da direção da escola). Em seguida, avisa que pretende fazer um livro para esse projeto, no qual cada aluno terá de desenhar **livremente** todo o crescimento do feijão, articulando os desenhos à produção de uma narrativa.

Entretanto, antes que as crianças comecem a desenhar, a professora entrega uma folha mimeografada em que estão identificadas tais fases (Figura 1).

Figura 1. Folha mimeografada entregue pela professora.

À medida que entrega as folhas, ela explica que o trabalho (desenho) será feito em etapas; primeiro, as crianças devem pintar "livremente" a folha mimeografada para, depois, construir a história. Mas, já ao relatar a tarefa, a professora vai mostrando as figuras da folha mimeografada (uma por uma) e acenando com uma possibilidade de história.

Narra, apontando para a primeira gravura do feijão colada na figura:
— Tá vendo esse feijão? Ele é um bebezinho. Vocês têm que criar sobre onde ele dorme, como ele cresce. Mas onde mesmo colocamos os nossos feijões para dormir?

E continua:

– No copinho, não é mesmo? Então, é isso que vocês vão contar! Vão falar *livremente* sobre a história do feijão.

Enquanto a professora termina de entregar as folhas mimeografadas aos alunos, Jorge pergunta:

– Qual é a cor do feijão?

A professora responde que os feijões com que eles trabalharam eram marrons e pretos. Nicolas então exclama:

– Mas eu já vi um feijão amarelo e laranja!

A professora responde enfaticamente:

– O feijão é preto e marrom!

Em seguida, Nicolas pergunta se pode fazer o feijão amarelo. A professora não responde e pede aos alunos que façam o desenho devagar, pois estão sendo feitos de "qualquer maneira", "sem capricho". Diz que não se consegue identificar o olho do feijão, a chupeta do "feijão-bebê" etc. Ao final, enfatiza que está tudo com a mesma cor!

Em um canto da sala, Lúcia está pintando o feijão de azul. Jorge pinta o seu de amarelo.

A professora pergunta:

– Qual é mesmo a cor do feijão? Temos que fazer como está no livro (referindo-se ao material lido no dia anterior).

As crianças se calam, mas Gustavo afirma:

– As perninhas (referindo-se à raiz do feijão) também têm que ser de marrom!

Joana então pergunta se a raiz do feijão tem que ser verde. A professora informa que pode ser marrom ou verde. Em seguida, a aluna comenta que o feijão de Lúcia está errado:

– Olha, ela está pintando de azul! – diz bem alto para as outras crianças ouvirem.

Nicolas responde a Joana:

– Mas eu já vi um feijão laranja!

– Mas ela está fazendo azul. Tem que ser marrom e preto! – enfatiza Joana (repetindo a orientação dada pela professora).

Por fim, a professora pede aos alunos (que acabaram de colorir) que recortem os feijões, pois eles vão ser colados no livro.

Imaginação, criança e escola | **59**

◀ ◀ ◀

Como foi demonstrado, as crianças são convidadas a fazer um desenho sobre a experiência com o grão de feijão realizada no dia anterior. Recebem então da professora uma folha mimeografada com as fases de desenvolvimento do feijão, já definidas graficamente. As imagens são compostas pelo *feijão-bebê*; o *feijão acordando*; o *feijão com suas primeiras folhas* e o *feijão grande;* há indicação do que deve ser colorido. Elas parecem querer colorir "livremente" seus feijões. No início, testam cores e materiais (canetas ou lápis de cera), mas depois são instruídas sobre as cores que podem ser usadas na confecção da atividade. Ou seja, as crianças deviam, necessariamente, pintar seus respectivos feijões de preto ou marrom, repetindo a ilustração do livro lido na aula anterior.

As crianças tentam negociar outras formas de colorir o desenho. Nicolas, por exemplo, pergunta à professora e comenta com os seus colegas sobre a possibilidade de o feijão ser de outra cor. Suas observações podem estar atreladas ao fato de ele já ter visto, no cotidiano, grãos coloridos, ou mesmo de imaginá-los com outras configurações. Contudo, suas falas são ignoradas pela professora e, ao final, corrigidas pela colega Joana quanto à forma *correta* de efetuar o dever: "Tem que ser marrom e preto!"

Decerto a orientação sobre o uso das cores traduz o aspecto normativo da representação do feijão. A ênfase figurativa atribuída às composições gráficas das crianças demonstra a tendência da professora a aprisionar o desenho ao concreto, como representação do real (cópia).

Essa questão foi amplamente estudada por Silva (1993) no seu trabalho sobre o desenho infantil. A autora analisa que a fixação ao real, na expressão gráfica, tem desdobramentos no modo como a criança concebe o seu desenho, pois a tendência do adulto é sinalizar o que está errado, o que difere do modelo. Outras vezes, o adulto olha para aquilo que a criança produz como lugar de falta. A criança está fazendo um desenho e o pai, a mãe ou o professor diz: "Cadê a perna do cachorro? E a orelha?"

A sensação é de incompletude. A criança está sempre em uma posição de débito.

Essa postura ou modo de ver a criação infantil sem dúvida limita o modo de os pequenos expressarem-se sobre o real, restringindo, consequentemente, suas experiências criativas.

O trabalho pedagógico tende a aderir a ações guiadas pelo real, não pela imaginação. Leite, A., (2004, p. 70) comenta que, respeitando as múltiplas situações, a professora geralmente tem o "propósito de marcar a prevalência desejada de uma elaboração objetiva, sem invenções, sobre o mundo".

Ademais, se prestarmos atenção ao episódio, veremos que a imposição figurativa, somada ao papel social desempenhado pela docente, parece levantar apontamentos instigantes sobre a relação das crianças com suas produções gráficas.

De fato, os pequenos vão se apropriando, com base nas relações estabelecidas em sala de aula, de uma noção do que é desenhar e de como fazê-lo (Ferreira, 1998; Silva, 1993). Porém, na medida em que se toma a ação imaginativa da criança normatizada por padrões de cópia do concreto, impõem-se os medos de errar e a preocupação com realizar a atividade em função da expectativa da professora.

Tal como foi dito no Capítulo 1, a experiência imaginativa articula dimensões cognoscitivas e autorais (ainda incipientes) da experiência infantil. Ora, a determinação do que colorir pode trazer limitações à produção criativa da criança, restringindo sua efetiva experiência autoral. Ou seja, com a padronização de como e do que desenhar, diminui a probabilidade de os pequenos virem a expressar simbólica/graficamente sobre o que pensam e sentem.

A tensão entre o campo da transposição da realidade concreta para o papel (controlado pela professora) e a possibilidade do evento imaginativo (guiado pela criança) desdobra-se de modo tenso (nada consensual) nas vivências imaginativas na sala de aula pesquisada.

Várias vezes a professora precisa enfatizar como quer que a tarefa seja efetuada, indicando o modo de as crianças conduzirem as atividades. Muitas vezes, o controle do corpo, das ideias e, portanto, da imaginação parece ser condição para que os seus objetivos instrucionais sejam alcançados. Assim, torna-se relevante destacar a forma como a docente se apropria e faz uso do termo "atividades livres". Já diz muito o momento inicial do episódio, em que ela diz que as crianças vão fazer "livremente" um desenho e contar, depois, uma história sobre o feijão.

A indicação de que a atividade era "livre" muda quando a professora apresenta uma folha mimeografada com a composição gráfica já pronta das fases do feijão. Isso, de saída, confunde as crianças, que não entendem exatamente o que a professora pretende – desenho livre ou pintura na folha mimeografada? Diante das explicações, fica claro que, diferentemente do que foi dito, a professora queria que as crianças pintassem de *certa maneira* a folha apresentada, o que significava, em termos práticos, *não desenhar livremente* a experiência vivida.

O esclarecimento, entretanto, desdobra-se em outro problema, ou melhor, numa construção inusitada sobre o emprego do advérbio "livremente". De fato, ao longo da pesquisa, em vários momentos diferentes, a professora, ao priorizar atividades pedagógicas que revelavam intenções imaginativas (desenhos, narrativas etc.), denominava-as de "momento livre" ou "ações livres". Esses termos, que sugerem a possibilidade de liberdade de expressão das crianças, tinham (contraditoriamente) outros sentidos na sala de aula.

Numa análise esmiuçada da dinâmica interativa criança-criança e criança-adulto, pode-se observar que o uso da palavra "livre" fazia-se com sentido antagônico ao da ideia de liberdade.

Se, de um lado, pretendia-se favorecer atividades que privilegiavam situações imaginativas (criativas), de outro indicava-se a submissão dessas ações à orientação e ao controle docente. Na verdade, as crianças não fizeram desenhos próprios nem puderam colorir como desejavam as folhas mimeografadas, pois deviam seguir o que já estava *determinado* pela professora.

Na sequência do Episódio 1 (pintura da folha mimeografada), foi pedida aos pequenos a construção de uma história sobre o feijão. Novamente, embora a proposta fosse qualificada pela professora como "livre", percebe-se que há uma expectativa de que as crianças reproduzam a experiência com o feijão que havia sido feita no dia anterior.

Vejamos o episódio!

Episódio 2 – A história do feijão (parte 2)

As crianças retornam do recreio e sentam-se nas respectivas carteiras. A professora explica que a história do livro será feita naquele momento. Ela insiste em dizer que a história é *livre*, mas explicita os recortes das quatro gravuras que as crianças deveriam fazer, colando-as em série e etapas crescentes de aparecimento da imagem da história/experiência realizada com o feijão (remetendo à aula anterior).

Assim, tem-se: gravura 1 – o feijão-bebê; gravura 2 – o feijão acordando; gravura 3 – o feijão nascendo com as primeiras raízes e tomando banho de sol; gravura 4 – o feijão cheio de raízes, tomando banho de sol com o rosto feliz.

A turma é dividida em duas; a pesquisadora fica registrando as iniciativas de um grupo de alunos e a professora as de outro. As crianças faziam a colagem, o recorte das gravuras e, em seguida, narravam suas histórias.

Jorge foi o primeiro a contar sua história para a pesquisadora. Ela pede que ele conte devagar para facilitar o registro. O menino narra:

– Era uma vez um menino que plantou o feijão (gravura 1). Aí, o feijão dormiu (gravura 2). A raiz estava crescendo (gravura 3). A raiz cresceu (gravura 4).

Figura 2. História contada por Jorge.

Seguindo a narrativa de Jorge, Carlos tenta contar a sua história, mas inicialmente encontra muita dificuldade.

A pesquisadora afirma que ele pode fazer a atividade livremente e sugere que ele crie uma história a partir dos desenhos mimeografados. Mas Carlos parece inseguro e começa a olhar para os lados, em especial para o grupo orientado pela professora, buscando entender mais precisamente como ela espera que a atividade seja desenvolvida.

Depois de observar, Carlos começa a contar:

– A gente coloca o algodão no copo com feijão (gravura 1). Aí, depois ele acordou e os outros feijões ficaram dormindo (gravura 2). Aí, a raiz cresceu para segurar o feijão (gravura 3). Depois, cresceu mais flor. O feijão ficou alegre (gravura 4).

Imaginação, criança e escola | 63

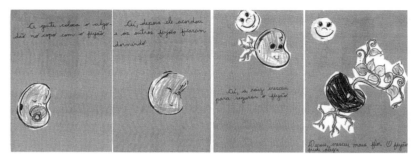

Figura 3. História contada por Carlos.

Concluída a história de Carlos, Diana se aproxima para iniciar seu relato. A aluna está ansiosa e pergunta se pode fazer como quiser. A pesquisadora afirma que sim, mas acrescenta que ela deve compor as cenas que estavam indicadas pelo desenho. Ela, então, diz:

– Era uma vez um pé de feijão que foi crescendo, crescendo, crescendo para ficar bem grande (gravura 1). Um dia, ele saiu e foi passear lá no Campo de São Bento (principal parque da cidade de Niterói) e, depois, foi para a praia (gravura 2). Na praia, ele deu uma mergulhada e se afogou. Quando saiu de lá, encontrou alguns amigos; um amigo lá do morro e outro dos Estados Unidos (gravura 3). O feijão foi para casa tomar banho, ver televisão e pensou que os amigos tinham morrido (gravura 4). Chegou de noite, o feijão foi para fora de casa e encontrou outro amigo, Mateus. Daí, eles foram para casa de Mateus jogar *video game* (folha sem gravura – avulsa para finalizar a narrativa).

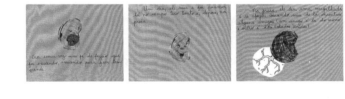

Figura 4. História contada por Diana.

Anderson escuta (entusiasmado) a história de Diana. Ele dá várias risadas enquanto a amiga narra e parece animado para contar a sua história do feijão, mas pergunta inúmeras vezes à pesquisadora se pode contar o que quiser. Embora esta confirme que sim, ele parece ter dúvidas e não confiar inteiramente na resposta dada; pergunta novamente. Olha para os lados, como se estivesse checando algo ou verificando se está sendo observado e começa a contar baixinho a sua história:

– Era uma vez um feijão dormindo (gravura 1). Aí, ele ficou dormindo, dormindo, e o garoto bateu nele com um pau. Daí, matou o feijão (gravura 2). Daí, nasceu o irmão do feijão, e Deus falou para ele que o garoto tinha matado o irmão dele (gravura 3). O irmão do feijão, então, pegou o mesmo pau e matou o garoto batendo na cabeça. O pai do garoto levou o menino para o hospital, mas ele morreu. O irmão do feijão ficou feliz para sempre (gravura 4).

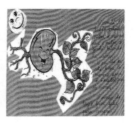

Figura 5. História contada por Anderson.

Ao final da atividade, já estava na hora do almoço das crianças e muitas já retornavam para casa. Aproveitando para dar uma olhada na produção das crianças da turma que haviam ficado com a professora, a pesquisadora constata que todas as histórias descreviam passo a passo a experiência com o caroço de feijão, assim como havia sido anunciado no início da aula.

Como podemos perceber, o problema do emprego do advérbio "livremente" conserva-se ambíguo no desdobramento desse episódio. Ao contar a história do feijão, Jorge parece aderir às orientações dadas pela professora, narrando versão bastante próxima da experiência que foi realizada em sala de aula e coerente com o que havia sido deliberado pela docente.

Carlos, por sua vez, ao ouvir da pesquisadora que pode criar livremente uma história, não entende o uso que sua interlocutora faz desse termo. Talvez porque reconheça implicitamente que o sentido da palavra "livremente" (tantas vezes usada pela professora) difere daquele que sabe reconhecer comumente nas relações que mantém no cotidiano fora da escola. Por isso, vive um momentâneo conflito. O aluno, para superar o impasse, orienta o olhar para o que está sendo feito e legitimado pela professora no outro grupo e, apoiado no que ouve e vê esta fazer com as outras crianças, narra sua história reproduzindo o que foi experienciado com o grão de feijão na aula anterior.

As atitudes de Diana e Anderson são, porém, diversas. Ambos estão animados com a perspectiva de fazer a atividade, já que percebem, na interlocução com a pesquisadora, a possibilidade efetiva de criarem livremente suas narrativas. Afinal, a professora está distante e a pesquisadora, que então iniciava seus contatos com a turma, é um elemento externo à sala de aula que talvez não se legitime, com as crianças, o sentido do termo "livremente" e o próprio encaminhamento da atividade. Abrem-se, portanto, *brechas* para a construção da narrativa.

Inicialmente, os alunos testam a pesquisadora: perguntam insistentes vezes se podem fazer o que desejam e viram-se para os lados, falando baixinho para ninguém ouvir.

Sabem que não estão fazendo o desejado, mas parecem querer aproveitar o momento para dar livre curso à imaginação, o que se desdobra em uma pequena subversão da *atividade oficial*. Desse modo, quando Anderson e Diana notam que não serão interditados pela pesquisadora, garantem um espaço de liberdade expressiva e iniciam as suas respectivas narrativas.

Diana narra travessuras de um *personagem feijão* que vivencia práticas sociais de lazer recorrentes em Niterói: passear no Campo de São Bento, ir à praia, jogar *video game* etc. Essas experiências na cidade, tantas vezes valorizadas pelas crianças em sala de aula e narradas inclusive em tom de competição, eram praticamente impossíveis para Diana. A aluna, por conta de restrições econômicas, tinha muita dificuldade de explorar sua região, ficando sempre em situação de *desvantagem* quando os colegas teciam comentários sobre suas vivências em diferentes cantos da cidade. E é exatamente aquilo que Diana vivia como impeditivo que se revela central em sua narrativa. O seu desejo de ir ao Campo de São Bento, ou à praia (sem preocupações) orienta sua narrativa e sua fantasia com o feijão.

O que importa analisar aqui é a possibilidade que a criança tem de, a partir das trocas sociais que ocorrem na sala de aula, ampliar seu repertório imaginativo, vivendo na *fábula* que inventa aquilo que foi diretamente (ou não) experienciado por ela, ampliando a compreensão que tem sobre si e sobre seu contexto cultural mais amplo. Por meio de combinações do que viveu, ouviu e viu, ela associa e dissocia ideias/imagens, compondo sua paisagem criativa.

As aventuras do feijão de Diana remetem aos comentários de Vigotsky (1987) a respeito da imaginação como função que permite a abertura para mundos tangíveis (ou não) e conhecidos (ou não) pelo sujeito. Para o autor, é possível, por um lado, ir ao deserto do Saara ou viver momentos históricos da Revolução Francesa sem ter estado lá e, por outro, é cabível provar sensações, ampliar registros (inclusive) daquilo que se vive cotidianamente.

Num desdobramento teórico, podemos inferir que a ação imaginativa ressignifica a realidade, coloca o sujeito diante de outras sensibilidades sobre o seu mundo, por meio de uma elaboração interpretativa e expressiva sobre o que vê e o que sente.

Ao compor sua história, Diana fala de si por meio do personagem. Seus desejos, suas vontades, sua experiência na vida estão lá, transpostos no feijão. É a "necessidade" de se colocar e de se dizer para si e para o outro, que escuta seu conto, que a impulsiona à ruptura com a estrutura narrativa eleita pela professora. Diana parece saber que não está dando conta da atividade *corretamente*, mas talvez prefira o prejuízo pedagógico de não ser valorizada pela professora a perder a oportunidade de se expressar.

A situação de Anderson confirma alguns aspectos apontados na configuração narrativa de Diana. Assim como a sua colega de turma,

Anderson tenta, primeiramente, testar a pesquisadora para saber se poderá contar a história que deseja.

Apesar de ter presenciado a tentativa bem-sucedida de Diana, ele olha para os lados e fala baixinho, pois está ainda mais desconfortável do que sua parceira anterior. Percebe um momento bom para iniciar a história: somente a pesquisadora e Diana estão ao seu lado. O menino cria um cenário narrativo ainda mais fantástico e complexo que o de Diana, pois são vários os personagens que dialogam numa mesma trama.

O drama – que provavelmente faz em parte alusão ao que é vivido por Anderson em suas experiências cotidianas (a comunidade em que vive, a televisão, o rádio, as narrativas populares etc.) – transforma-se de modo criativo em uma história com começo, meio e fim. A violência, Deus, os núcleos familiares do feijão e do menino vão compondo a cena de vingança e, curiosamente, aquele que mata (por último) termina feliz, como se tivesse completado seu destino.

Em uma analogia, é interessante destacar que aspectos da narrativa de Anderson como vida e morte, partidas e chegadas, religiosidade e, sobretudo, o mote central da trama – que revela o caminho vingativo a se cumprir (do personagem encaminhado divinamente) – parecem remontar, de forma embrionária, os personagens de uma narrativa popular. Nas histórias de cordel, por exemplo, as sagas familiares, as situações míticas e os enredos vingativos são diversamente explorados. De fato, não se pretende aqui afirmar que a pequena história de Anderson seja uma obra de arte, mas há, sem dúvida, um indiciário criativo e produtivo sobre o modo como a criança, que está inserida na experiência popular, interpreta as relações que a cercam.

A breve e complexa versão de Anderson sobre a história do feijão completa um texto paralelo e paradoxal ao determinado pela professora: há relação entre a experiência realizada em sala de aula e a história imaginativa da criança. Ambas remetem à vida do feijão (nascimento e morte). No conto, porém, o foco não está na experiência sistematizada (nos conteúdos), mas nas peripécias e nas exigências da vida narrada. Na verdade, o que parece ser importante para análise é o indício de que as ideias de Anderson advêm da própria atividade sugerida pela professora.

> *Eu venho dêrne menino,*
> *Dêrne munto pequenino,*
> *Cumprindo o belo destino*
> *Que me deu Nosso Senhô.*
> *Eu nasci pra sê vaquêro,*
> *Sou o mais feliz brasilêro,*
> *Eu não invejo dinhêro,*
> *Nem diproma de dotô.*
> (Patativa do Assaré – "O vaqueiro")

É a partir do contexto da produção pedagógica que a criança elabora, nesse caso, seu enredo. A composição gráfica das representações das fases do feijão, por exemplo, faz referência às caracterizações animadas: o feijão-bebê usa chupeta, o feijão crescendo tem olhos e/ou sorri e assim por diante. São as relações entre o conteúdo trabalhado pela professora (a experiência de feijão), a atividade realizada em sala de aula (colorir, recortar e colar), as vivências sensíveis da criança e seus modos de expressar e interpretar o mundo que servem de base para a narrativa de Anderson.

Esse episódio sugere que a escola, por um lado, promove condições para que surjam espaços criativos, mas, por outro, na medida em que os negligencia, não os valoriza, acaba por sufocá-los.

As crianças, por sua vez, vão gradativamente tendo receio de contar suas histórias, de apostar em suas invenções. Aos poucos, ainda na educação infantil, acabam por compreender que há um desprestígio sempre associado a suas formulações originais, pois elas são recebidas como se fossem contrárias ao processo de aprendizagem do conteúdo formal.

Sobre isso, Leite, A. (2004, p. 77) afirma:

> O brincar, a fantasia e o funcionamento imaginativo vão, aos poucos, para as crianças, sendo compreendidos como um conhecimento, uma capacidade que não tem estatuto de aprendizagem. Brincar e aprender tornam-se coisas distintas; na brincadeira não se aprende, não é coisa

séria. A pré-escola não é um local para brincar e sim para aprender a ler, escrever e fazer números. As crianças incorporam e cedem à rotina. O conhecimento acadêmico vai aos poucos tomando conta, e elas são induzidas a uma forma de conhecer pela qual o aprender e o imaginar estão separados.

Aos poucos, vamos concluindo que, à medida que são priorizadas as atividades formais e normativas na escola, menos se valorizam as atividades criadoras, que (em diversos momentos) são "caladas" ou "ignoradas". Contudo, a tentativa de silenciar o funcionamento imaginativo não se faz de forma linear, nem mesmo pacífica. Muitas vezes as crianças enfrentam diretamente a professora, em outros momentos aproveitam as *brechas* (como fizeram Diana e Anderson) ou criam cenários fantasiosos paralelos às ações pedagógicas oficiais, como vamos notar a seguir.

Episódio 3 – O Curupira de "pé-direito"

A professora pega um livro e começa a ler a história do Curupira. Ela está em pé, de frente para as crianças, todas sentadas em suas carteiras. Aos poucos, as crianças vão se levantando, aproximam-se da professora e ficam completamente absortas na história.

Em determinado momento da história, em que se descrevem as características do Curupira, a professora lê que ele gosta de fumar e beber. Ela, entretanto, parece um pouco confusa, constrangida de explicitar às crianças os gostos *inadequados* do personagem, e interrompe a história, exclamando:

– Gente, essa história não é de verdade! É uma lenda! Lembra que a tia falou que a história não é de verdade... que uma lenda não existe na vida real? Isso aqui é tudo de mentira (eleva o tom de voz). É mentirinha!

Gustavo questiona a professora, falando bem alto para todas as crianças ouvirem:

– Eu nunca vi um Curupira de pé para trás, mas já vi um Curupira de pé-direito.

Imediatamente, a professora retruca, com olhos bem fixos em Gustavo e em tom de voz elevado:
– Onde você viu? Me fala, onde você viu?! Eu não disse que isso é de mentira (elevando ainda mais a voz)?
– Mas eu já vi... lá onde eu moro, lá no morro.
– Me prova, onde você viu?
Gustavo, muito intimidado, desconversa:
– Esquece. Continua, continua a ler...

◀ ◀ ◀

No episódio apresentado, a professora conta uma história sobre um personagem do folclore brasileiro: o Curupira. O mês é agosto e, por ser data comemorativa, todo o planejamento pedagógico havia sido organizado para que se trabalhasse com lendas e mitos da cultura popular. As crianças estavam muito entusiasmadas, pois já haviam sido apresentadas às histórias fantásticas da Iara, do Boi-Bumbá, do Boto etc.

Na sequência, a professora decide apresentar o Curupira, o que parece ser propício para a emergência de provocações criativas nas crianças, pois as lendas fazem direta referência ao ilusório.

Ao começar a narrar as peripécias do Curupira, a professora fica, porém, um pouco surpreendida quando se dá conta de que a história fala dos gostos (que ela julga serem inadequados) de beber e fumar do personagem. Instaurado um conflito moral, a professora decide invalidar o personagem e sua conduta e, intempestivamente, acentua que a história é irreal. Como aquela não havia sido a única lenda lida para as crianças, o procedimento acabou por desqualificar todas as outras lendas antes narradas.

A colocação ansiosa da professora – "Gente, essa história não é de verdade! É uma lenda! Lembra que a tia falou que a história não é de verdade... que uma lenda não existe na vida real? Isso aqui é tudo de mentira. É mentirinha!" – pareceu gerar uma enorme frustração nas crianças, pois a abertura facultada pela história narrada (o que envolve as outras lendas ouvidas pelos alunos) foi drasticamente interrompida, acarretando a desvalorização dos investimentos imaginativos realizados pelos pequenos até então.

Mas Gustavo contestou a professora. Sua contraposição a ela manifesta-se na produção de outra história. O menino afirma, categoricamente, já ter visto "lá onde ele mora" um Curupira com o pé-direito! A revelação do aluno, entretanto, coloca a professora numa situação complicada diante da turma: quem estará dizendo a verdade? A solução para o problema é que a professora exige uma prova. Diante do confronto, a criança decide não dar continuidade à embaraçosa situação e pede para a professora continuar a leitura. Decerto era quase impossível para Gustavo, naquele contexto, afirmar sua narrativa, seu Curupira, seu enredo fantástico e sua verdade. Mas a que verdade Gustavo se refere?

São inúmeras as possibilidades de análise da situação apresentada. E as reflexões desdobram-se, sem dúvida, na direção dos aspectos discutidos anteriormente sobre a contraposição conceitual entre cognição *versus* imaginação.

A escola é o lugar socialmente definido para a transmissão do saber (em especial, o científico) produzido pela humanidade. Ou seja, é nesse espaço que se organizam formas de ensinar, cujo maior compromisso é com a difusão da *verdade científica* (que pode ser verificada). A função da professora, sem dúvida, vincula-se a esse propósito mais amplo e suas ações precisam estar coerentes com as demandas sociais que pesam sobre a instituição.

Sabe-se, contudo, que esse sentido de *verdade* atrela-se a uma concepção epistemológica positivista, que reduz a compreensão do mundo aos fenômenos físicos e naturais, excluindo outras formas de exploração e significação do que efetivamente é o real.

Fernandes (1997) comenta que Durkheim projeta um ser fraturado em duas faces dicotômicas, que se divergem pelo caráter opositor que as constitui. De um lado, tem-se a curiosidade, a imaginação e a instabilidade, de outro, tradicionalismo, respeito às normas e credulidade. Os educadores devem priorizar a de segunda ordem, mesmo que tenham de destruir a primeira.

Mas a compreensão do universo e das coisas não se restringe a uma objetividade comprovada, pois é também aglutinadora de materiais sensíveis que não (necessariamente) adquirem forma perceptível e *comprovável*. As *verdades subjetivas* estão na alma onde adquirem verossimilhança (a imagem/a imaginação). Por isso Gustavo insiste no seu Curupira.

> **Verossimilhança**: uma história que aparenta ser verdadeira, mas não possui o compromisso de ser. É exatamente esse fator que prende a atenção daquele que lê. Além disso, o tempo e o espaço vividos na história se revelam, muitas vezes, diferentes do que o leitor vivencia, no entanto se aproximam da verdade, do real.
> (Fonte: Programa de Educação Continuada a Distância – Portal da Educação – Curso de Literatura Infantil – Módulo I.)

O aluno sabe que, diante da professora, não é possível provar a existência do personagem e se cala, pedindo que a professora continue a história. Isso, contudo, não quer dizer que, como imagem criada pela criança, possível de ser comunicada ao outro, o Curupira não exista para o menino. O personagem, como *herói*, ganha realidade na narrativa que é feita para a turma.

Sobre isso, Bakhtin (1997, p. 126) tem algo a dizer:

> Cumpre compreender que tudo o que dá valor ao dado do mundo, tudo o que atribui um valor autônomo à presença no mundo está vinculado ao outro que é seu herói, fundamentado em seu acabamento; é a respeito do outro que se inventam histórias, é pelo outro que se derramam lágrimas, é ao outro que se erigem monumentos; apenas os outros povoam os cemitérios [...]

Apesar das situações conflituosas, como as apontadas anteriormente, em muitos outros momentos as ações imaginativas das crianças tinham curso ao longo de atividades pedagógicas regulares organizadas pela professora.

Tais cenas criativas, paradoxalmente, corriam ao mesmo tempo que as tarefas de matemática, de colorir, de recortar etc., um pouco às escondidas, veladas e reprimidas, pois havia grande preocupação das

Imaginação, criança e escola | 73

crianças com não atrapalhar o planejamento pedagógico, com não ser interditadas, com não perturbar o silêncio da sala de aula.

Episódio 4 – O taxista

Gustavo deixa seu desenho na mesa da professora. Na volta, pega na estante o painel de um carro em miniatura, que tem um volante que o aluno pode manipular como se dirigisse um carro. Ele senta-se na sua carteira, enquanto as meninas desenvolvem a atividade de pintar o Curupira, e avisa que é taxista, perguntando para onde Michele e Laura estão indo.

Ninguém responde, pois elas estão atentas ao dever e não querem fazer barulho, mas ele insiste:

– Vocês querem ir para o Leblon tomar uma água de coco?

A pesquisadora começa a rir, pois sabe que ele está fazendo menção ao taxista da novela *Mulheres apaixonadas* e ao diálogo próprio da TV.

Laura diz baixinho:

– Vou para o mesmo lugar...

– É aqui que vocês vão parar? Vai lá tomar a água de coco! Vai junto, tem que sair do carro – ordena Gustavo.

Michele, então, discretamente, sai da carteira, vai até o armário do fundo da sala, pega uma pá e coloca-a na boca, fazendo de conta que está bebendo água de coco. Depois retorna para a mesa.

– Posso ir? – pergunta Gustavo.

Michele e Laura respondem baixinho:

– Pode.

Laura pede para Gustavo parar e comprar mais água de coco. Ela repete o comportamento de Michele: sai da mesa, pega uma pá e faz de conta que bebe água de coco.

Ele, então, começa a fazer som de buzina para Michele:

– Vamos embora, Michele!

A professora percebe a pequena confusão e pede que eles guardem os brinquedos, pois ela não autorizara ninguém a pegar objetos da estante.

Michele resiste: pega uma mala amarela e o carro que estava com Gustavo e tenta compor um cenário lúdico, mas a professora insiste enfaticamente (alterando a voz) que eles têm de guardar os brinquedos.

Episódio 5 – O bebê

As crianças estão sentadas em pequenos grupos, fazendo a atividade de colorir o feijão na folha mimeografada.

Nicolas, Joana, Valéria e Lúcia contam histórias sobre bruxas. Dizem que o feriado é o dia da bruxa. Então a pesquisadora, agachada e falando em voz baixa, pergunta se bruxa existe de verdade.

Joana responde:

– Existe, sim! A bruxa Keka, do programa da Xuxa, é de verdade!

– O que a bruxa faz? – indaga a pesquisadora.

– Ela pega as crianças e leva lá para o céu... – comenta Jonas, ao se aproximar do grupo.

Durante a fala de Jonas, Joana pega o recorte da folha de atividade referente à gravura do feijão-bebê (Figura 1, Episódio 2) e coloca-o entre os braços. Ela faz de conta que está ninando o bebê (a folha) e o embala, entoando (bem baixinho) uma cantiga de ninar.

◀ ◀ ◀

Os interditos, sanções e limitações da esfera imaginativa na sala de aula já foram amplamente discutidos por Rocha (2000) e Leite, A. (2004), como já analisamos. Ambas concluem que as atividades guiadas pela imaginação envolvem temáticas que implicam certa liberdade diante do verossímil e não necessariamente refletem a realidade valorizada pela escola como algo abstrato e estável.

Entretanto, restam dúvidas sobre as reações das crianças diante das restrições que tendem a ser impostas pelas professoras. Rocha indica que, na maioria das vezes, os pequenos silenciam o que estão criando, pois a figura da professora, às vezes, impossibilita o andamento das ações imaginativas e, em outras, as descaracteriza, fazendo que sejam abandonadas pelas crianças.

No caso específico dos episódios relatados, o que se tem, de fato, como reação das crianças às proibições da professora que inibem a fluência do conteúdo imaginativo, não é uma resposta objetiva (como no Episódio 3), mas a consolidação de uma *estratégia indireta de ação criativa*. Ou seja, as crianças sabem que o cenário da sala de aula é árido para composição de cenas guiadas pela imaginação. Elas não podem brincar, pois as atividades lúdicas são constantemente impedidas na escola. A professora, inclusive, não as deixa andar ou falar durante a aula, pedindo a toda hora silêncio.

Gustavo, Michele e Laura demonstram claramente o cuidado na composição da brincadeira de táxi. No início, as meninas sentem receio e ignoram o convite lúdico de Gustavo; porém, com a insistência do colega, aceitam participar da atividade.

Até esse momento, a professora não se dá conta de que eles estão brincando, mas, quando os meninos começam a se levantar das carteiras e a fazer *certo barulho*, ela pede silêncio. Laura tenta persistir na brincadeira, mas desiste diante da alteração de voz da professora.

Joana, no Episódio 5, repara que seus colegas estão conversando sobre assuntos diversos e aproveita para brincar com a folha de papel do feijão-bebê. Ela parece compor o personagem da mãe e faz de conta que nina a folha mimeografada com os feijões, cantando uma música para embalar a folha (um bebê?) que tem nos braços.

De fato, em diversas situações, foi possível observar a emergência na sala de aula de ações imaginativas, configuradas de forma *clandestina, sorrateira*, sempre organizadas pelas crianças e desenvolvidas entre elas.

Daí a seguinte reflexão: se, de um lado, vibrava uma imaginação escondida em sala de aula (guiada pelas necessidades e desejos das crianças), de outro operava, em contrapartida, uma ação imaginativa oficial, desejada e apoiada pela professora.

A primeira revelava os modos de as crianças se expressarem, interpretarem o real e, muitas vezes, corria distante dos objetivos instrucionais imediatos: criativamente *transgressoras*. A segunda, por sua vez, reforçava os conteúdos com que a professora trabalhava na sala de aula e colocava a imaginação infantil a serviço das estratégias pedagógicas vinculadas às ações de transmissão, reforço e avaliação da aprendizagem (ver Episódios 1 e 2) – portanto, orientavam-se para e pela adesão à realidade.

RELEMBRANDO

Ao longo deste capítulo, vimos que:

◖ Por meio de episódios do cotidiano de sala de aula como os processos criativos, tradicionalmente, são mediados pelo professor. Nessa análise, percebemos a presença de fatores que impedem as expressões imaginativas das crianças, porém elas criam mecanismos para pôr em prática sua experiência autoral.

◖ Mesmo diante da censura docente às ações imaginativas das crianças, elas resistem e burlam o que é exigido pela professora. Essa é uma resistência diante da instrumentalização pedagógica do imaginativo.

◖ Os professores, muitas vezes, se utilizam do controle do corpo, das ideias e da imaginação para que os objetivos instrucionais sejam alcançados de forma satisfatória. Será que não é um problema da formação nos cursos de graduação (pedagogia, licenciaturas e afins) que entendem o conhecimento como algo separado, distante, oposto à imaginação?

◖ Vygostky explica que por meio da imaginação o sujeito tem a possibilidade de acessar mundos tangíveis (ou não) e conhecidos (ou não). Dessa forma, podemos ir a locais que nunca visitamos e experienciar momentos históricos sem nunca termos estado presentes. Podemos, ainda, provar sensações, ampliar registros daquilo que vivemos cotidianamente. Assim, a ação imaginativa ressignifica a realidade e coloca o sujeito diante de outra sensibilidade sobre o seu próprio mundo.

SUGESTÃO DE ATIVIDADES

Leia este pequeno trecho:
– Mas... o que fazes aqui?
E ele repetiu então, lentamente, como se estivesse dizendo algo muito sério:
– Por favor... desenha-me um carneiro...
Quando o mistério é muito impressionante demais, a gente não ousa desobedecer. Por mais absurdo que aquilo me parecesse a quilômetros e quilômetros de todos os lugares habitados e com a vida em perigo, tirei do bolso uma folha de papel e uma caneta. Mas lembrei-me, então, de que eu havia estudado principalmente geografia, história, matemática e gramática, e disse ao pequeno visitante (com um pouco de mau humor) que eu não sabia desenhar. Respondeu-me:
– Não tem importância. Desenha-me um carneiro.

Fonte: trecho extraído do livro: *O pequeno príncipe*, de Antoine de Saint-Exupéry (Rio de Janeiro: Agir, 2009), p. 10.

Com base no que estudamos neste capítulo, o que você acha desse diálogo? Reflita com suas palavras sobre a que o ensino escolar tem dado primazia e sobre o que tem esquecido. Com base nessa reflexão, planeje uma aula em que conteúdo e imaginação estejam presentes. Lembre-se de que a cognição e imaginação não se excluem, pois são dimensões interdependentes.

Cinema na sala de aula...

Sugerimos a você que assista com a sua turma o filme *O circo* (Charles Chaplin, 1928). Em seguida, proponha o registro individual da parte de que cada aluno mais gostou. Coloque cada desenho em um mural e, depois, peça que as crianças, com base nos desenhos expostos, criem uma história. Sugerimos uma dramatização dessa história com o corpo/mímica (sem oralidade), como se fosse o cinema mudo. Faça ensaios, invente vestimentas, maquiagem etc. para caracterizar os personagens e cenários. Ao final, faça uma gravação (real ou de faz de conta) da história dramatizada!

4

Entrando na imaginação: como as crianças organizam (entre si) composições criativas

Introdução

Neste capítulo, analisaremos como as crianças pequenas, por meio de atividades livres, se organizam para expressar seus processos criativos. O foco das análises estará orientado para as interações criança-criança e os modos de organização e negociação das atividades criadoras.

Leremos um episódio bastante detalhado de faz de conta, em que as crianças brincam e revelam o que pensam e sentem sobre o mundo do qual participam, com especial ênfase nas situações familiares.

Por fim, refletiremos sobre a importância do faz de conta para o desenvolvimento infantil, ponderando sobre momentos de composição de enredos imaginativos organizados e direcionados com base no interesse das crianças.

Interação na sala de aula: a criação de enredos imaginativos

No trabalho investigativo realizado, as situações criativas es-

> **Este capítulo propõe:**
>
> ◖ Problematizar como as crianças criam momentos imaginativos desvencilhados de atividades com caráter pedagógico (diretivas).
>
> ◖ Analisar, à luz da perspectiva histórico-cultural, o assumir de papéis das crianças durante atividades com enredos imaginativos, em especial o faz de conta.
>
> ◖ Identificar as práticas educacionais em que as experiências criativas são inibidas e seus prejuízos para o desenvolvimento infantil.

truturadas exclusivamente pelas crianças eram muito raras, pois em geral ocorriam quando a professora não estava presente.

Neste capítulo, poderemos observar essas escassas situações em que as crianças exploravam mais amplamente a brincadeira de faz de conta, criando enredos fantásticos não valorizados no cotidiano escolar.

É interessante observar que a sistematização dessa análise desdobra-se da situação anteriormente apresentada (Capítulo 3). Lá, o objetivo era identificar as censuras docentes diante da manifestação criativa das crianças e, em especial, evidenciar os movimentos de *resistência infantil* ante as interdições da professora.

Agora o propósito é outro, na medida em que se pode explorar um episódio acontecido na sala de aula no qual os pequenos exploram mais amplamente suas ações imaginativas. A intenção é provocar reflexões que se direcionem para a valorização dos processos criativos que surgem na escola, apontando considerações sobre a sua relevância para o desenvolvimento ontogenético.

A seguir vem descrito um dos episódios lúdicos configurados espontaneamente pelos pequenos e captados pela filmadora.

Episódio 6 – Cenários

Terminou o intervalo e todos voltaram para a sala de aula. As crianças queriam brincar! A pesquisadora, então, sugere que elas afastem as carteiras do centro da sala para garantir mais espaço para o desenvolvimento das brincadeiras. Nesse dia, a professora teve de se ausentar e pediu à pesquisadora que conduzisse a atividade que desejasse.

Depois de deslocadas as carteiras, as crianças pegam os brinquedos da estante: Nicolas, Anderson e Jorge escolhem os carrinhos. Joana, Diana e Laura decidem pelas bonecas. Gustavo e Laís elegem as miniaturas de artigos de supermercado.

Inicialmente, as crianças caminham pela sala e manipulam os objetos, admirando os brinquedos e tecendo comentários sobre as especificidades do material (cor, tamanho, espessura etc.).

Aos poucos, *espaços fantásticos* vão se delineando na sala de aula. Em um canto, perto do armário da professora, Joana e Diana penteiam bonecas e conversam sobre produtos para alisar os cabelos.

Imaginação, criança e escola | 81

A pesquisadora pergunta a Joana:
– O que você é Joana?
– Cabeleireira.
– Ah, é? E o que você está fazendo?
– Penteando a boneca.

◀ ◀ ◀

No meio da sala, apoiado numa mesa entre duas cadeiras, Gustavo atende seus pacientes. Ele pega os instrumentos de médico – estetoscópio, injeção, máscara protetora etc. – e organiza um consultório. Nicolas se aproxima. Gustavo, então, coloca o estetoscópio no peito do colega. Este, por sua vez, fica imóvel ao ser examinado, enquanto o médico (Gustavo) faz de conta que está ouvindo as batidas do coração do paciente, comentando:
– Tá muito forte. Olha só! (Gustavo passa o estetoscópio para Nicolas, com o aparelho no ouvido, e aponta o outro extremo para a altura do coração de seu parceiro.)
– Toc! Toc! Toc (sonoriza Gustavo)! Ouviu?
Nicolas responde que sim. Em seguida, sai do consultório para brincar com outros brinquedos.
Gustavo, entretanto, guarda o estetoscópio e pega uma injeção (também em miniatura). Ele sai do espaço do consultório, puxa Nicolas (que estava brincando de carrinho em outro canto da sala, perto da porta de entrada) pela mão, retorna ao consultório e aplica a injeção no colega.
Em seguida, põe o termômetro na axila de Nicolas, que, com o carrinho na mão, brinca de motorista sem abrir o braço, tomando cuidado para o termômetro não cair no chão.
Valéria, que estava brincando de cozinha com Diana, aproxima-se do consultório de Gustavo e diz:
– Meu dedo está doendo!
Gustavo pega a mão direita da paciente (Valéria) e começa a examinar. Mexe nos dedos da menina, afasta-os e pergunta:
– Os dois dedos?
– Não, só um.

Inesperadamente, Nicolas interrompe o atendimento de Valéria e devolve o termômetro a Gustavo. O médico, então, faz a leitura do termômetro:

– Agora você já está bom!

Anderson, que está de fora da brincadeira, chega perto e tenta participar das atividades do consultório. Contudo, Gustavo, irritado, responde energicamente:

– Agora não posso te atender!

Volta a dar atenção à paciente Valéria, indicando o que ela deve fazer para facilitar o atendimento.

Pede que ela estique a mão machucada para que ele possa ver o que está acontecendo. Valéria imediatamente atende ao pedido do médico, que passa a olhar atentamente para sua mão, como se estivesse verificando a gravidade da situação.

Por fim, Gustavo pega o dedo machucado e faz de conta que o está envolvendo numa tala ou curativo. A paciente, então, vai embora.

◀ ◀ ◀

Gustavo deixa o estetoscópio em cima da mesa do consultório e se aproxima da brincadeira de casinha configurada por Laís e Laura em outro canto da sala de aula.

O cenário é bem interessante, pois as meninas decidiram pegar duas mesas e transformá-las, respectivamente, em despensa e fogão.

Assim que Gustavo chegou, observou que Laís e Laura estavam enfileirando, em cima de uma das mesas, as embalagens de supermercado em miniatura, como se estivessem organizando a despensa da casa. Ele ajuda as parceiras, mas (em tom de lamento) reclama com Laís:

– Você não liga mais para minha casa!

Em seguida, todos parecem preparar café; arrumam uma bandeja com bule e xícara, que colocam em cima da mesa, ao lado da despensa.

Ao servir o café, Gustavo sacode a mão, indicando que o bule está quente.

De repente, Diana entra no cenário da casa e avisa:

– Eu sou a mãe! Eu sou a mãe!

Gustavo parece ignorar a colega. Por isso, a pesquisadora pergunta:

– Gustavo é o pai? Diana é a mãe? É isso?

A colocação da pesquisadora anima Diana:

– Onde vai ser o quarto? – ela pergunta a Gustavo (que continua indiferente, brincando de cozinhar com Laís no fogão em miniatura).

– O quarto vai ser aqui! – Diana afirma, colocando-se atrás de Gustavo, que continua sem lhe dar atenção.

Então, Diana se agacha e, com os braços em cima da mesa, esconde o rosto, fazendo de conta que está dormindo...

Gustavo está cozinhando ao lado de Laís e parece alheio à encenação de Diana, que acorda e olha para o teto com as mãos na cabeça, como se rezasse uma ladainha. Pede, murmurando (aflita), ajuda aos céus (sua fala é incompreensível).

Valéria aproxima-se de Diana, que segura as mãos da colega em tom desesperado. Diana, então, sacode Valéria e implora (com voz de choro e aflição):

– Fala com ele, fala com ele, filha! Por favor, por favor! – Diana pede ajuda a Valéria (que agora se transformou em sua filha) para interceder junto ao alheio Gustavo (suposto pai), que a ignora.

Joana, então, se aproxima de Diana, oferecendo-lhe uma boneca. Mas Diana leva as mãos à cabeça e parece completamente atordoada.

– O que que você tem, Diana? – pergunta a pesquisadora.

– Ela está doente! – responde Joana.

Diana senta-se no chão (próxima da mesa que é o fogão) e se encosta em uma cadeira que estava por ali. Põe as mãos no rosto e fica com o corpo mole.

– O que você tem, mamãe? – Valéria pergunta, de cócoras em frente a Diana.

A mãe fica de joelhos e joga o corpo para trás. O pescoço está mole e a cabeça parece pesar muito (faz de conta que está desmaiada).

– Mamãe desmaiou! Mamãe desmaiou! – Valéria sai gritando e olha fixamente para Gustavo.

– Ih, meu Deus! Ai! – exclama Joana.

– Papai, a mamãe desmaiou! Socorro! Rápido, um café... café! – a pesquisadora diz a Gustavo, que continua na cozinha com Laís.

Ele, sem sair do lugar, vira-se, dá o café a Diana e volta a cozinhar com Laís.

Diana, no entanto, continua desmaiada (seu corpo fica ainda mais mole e ela se joga no chão). Valéria ampara a mãe e, aos gritos, leva-a para outro canto da sala, perto do lugar do consultório médico:

– Gente! Pega álcool, pega álcool! – Valéria exclama.

– Filha, pega álcool! – Joana diz a Valéria, que é filha de Diana.

Joana põe o estetoscópio e começa a medicar a mãe de Valéria. Pega um vasilhame (sucata) e, com muito cuidado, encosta-o no nariz para a mãe cheirar o álcool.

Diana acorda aos poucos. Ela se senta e faz de conta que está muito enfraquecida...

De repente, Diana começa a gemer, e Joana dirige-se ao canto da casinha em que Gustavo está cozinhando com Laís.

Joana, então, avisa:

– Vai nascer!

– Está nascendo! – Diana confirma (gemendo).

– Doutor, está nascendo! Está nascendo! – Joana chama o médico/pai Gustavo.

Gustavo, rapidamente, levanta-se e pega os instrumentos de médico: injeção, máscara, estetoscópio etc.

Enquanto isso, Diana faz várias expressões de dor, indicando as contrações, que ficam cada vez mais fortes. Essa situação atrai as outras crianças na sala, que começam, atentamente, a participar (como se formassem uma plateia) do nascimento do bebê de Diana.

O médico/pai chega, segura a barriga (abaixo do umbigo) de sua paciente e aperta um pouco. Pega o bisturi (que, na verdade, é o termômetro), faz um corte abaixo do umbigo e, surpreendentemente, levantando a camisa da colega bem devagar, retira o bebê (uma pequena boneca de plástico) que estava escondido dentro da camisa de Diana. A garota havia colocado, sem que nenhuma criança ou a pesquisadora percebessem, a boneca dentro da blusa. Essa situação causou enorme comoção no grupo, que foi surpreendido pela ideia original da pequena.

– Ê! Ê! Nasceu! – grita Gustavo entusiasmado.

(A pesquisadora e as crianças se comovem, batem palmas e festejam o nascimento.)

Gustavo, em seguida, passa o bebê para Joana (que parece ter-se transformado em uma enfermeira), que avisa à mãe (Diana):

– Agora eu vou levar ele (o bebê) para o ambulatório!
Põe a boneca em uma pequena banheira, pega-a no colo e dirige-se a Diana para mostrar o bebê. Mas ela faz de conta que sente muita dor e não consegue levantar-se. Joana, então, estende as mãos, proporcionando o apoio para que a mãe se levante e possa ver a criança.

◀ ◀ ◀

Diana está deitada e Joana a examina com o estetoscópio. Valéria mede sua temperatura e comenta:
– Vinte e três!!!
– Ai, eu morri! – Diana diz a Joana enquanto é examinada.
– Gente, a mãe morreu!!!! – Joana exclama (chamando a atenção de todas as crianças que estavam na sala de aula).
– A mãe morreu! A mãe morreu... Morreu aqui! – diz a pesquisadora, chamando a atenção do grupo.
Gustavo (que estava no canto da casinha) retorna à brincadeira como médico. Pega o estetoscópio e começa a examinar Diana com a ajuda de Joana.
Jorge, que se aproxima, sacode a perna de Diana e diz:
– É... não mexe, não mexe.
Gustavo confirma que a mãe morreu (faz movimentos de desalento com a cabeça).
– A mãe morreu, e agora? O que se faz? – a pesquisadora perguntou.
– Enterra! – vários alunos exclamaram.
– Enterra de mentirinha! – propõe Nicolas, que não estava participando do faz de conta.
O corpo de Diana é levado para o centro da sala de aula.
As crianças, inclusive as que estavam observando a brincadeira, carregam-na no colo. Todos ficam em volta de Diana chorando.
De repente, Diana se levanta e diz:
– Gente, gente... estou viva! Eu sobrevivi!
As crianças batem palmas e ficam contentes com a "ressurreição".

A escolha do nome "Cenários" para o presente episódio não se deu por acaso. Decerto, o modo tradicional de apresentação investigativa do evento lúdico em temas e recortes narrativos episódicos, delimitados pela assunção de papéis e enredos específicos, não parecia o caminho interessante para a exploração do presente acontecimento criativo. Fragmentar toda a complexa situação lúdica descrita inviabilizaria a compreensão dos deslocamentos dos personagens nos diferentes cenários. Ou seja, se de um lado, em alguns momentos, os papéis eram alterados em função dos espaços que os alunos ocupavam (médico/consultório-Gustavo; pai/casinha-Gustavo), em outras composições as crianças mantinham o papel principal (mãe-Diana), dialogando com os variados lugares estruturados no desenrolar da brincadeira (casinha/hospital/velório).

Dessa forma, Diana, ao mesmo tempo que era "mãe na casa" (cenário A), deslocou-se para o hospital (cenário B) e, em seguida, foi carregada (pelos colegas de cena) ao seu próprio enterro (cenário C), "mantendo-se a mãe". Esse movimento, pela sua complexidade, sugere uma interessante discussão sobre três dimensões constitutivas do faz de conta: assumir papéis, organizar cenários e produzir enredos fictícios.

De acordo com a perspectiva histórico-cultural, o modo como as crianças compõem personagens está intimamente relacionado às suas percepções sobre a realidade social mais ampla. De fato, entre os aspectos que elas apreendem da vivência cultural, das trocas sociais, estão as qualidades prototípicas – funções sociais – do que é ser mãe/pai, filho/filha, enfermeira/enfermeiro etc.

Na brincadeira, as caracterizações e generalizações sociais dos papéis se convertem em personagens e cenas lúdicas. Na ação inventiva das crianças, ocupar o lugar de outro(s), transitar por diversas experiências interpretativas é satisfazer desejos impossíveis de ser realizados cotidianamente. Pela assunção de papéis, Joana pode ser médica, enfermeira etc., e Diana pode se tornar uma mãe que, ao passear por diferentes cenários, morre no hospital e renasce em pleno velório.

Sem dúvida, as composições de personagens são extremamente relevantes para o entendimento do lúdico, pois permitem compreender o modo como a criança vai, aos poucos, internalizando a experiência cultural mais ampla. Por meio de ações compartilhadas cotidianamente e observações sobre sua realidade, ela toma para si a vivência

Imaginação, criança e escola | 87

social, exprimindo no faz de conta a sua interpretação sobre o mundo que a cerca. Além disso, o processo não indica somente como a criança apreende os elementos dispostos na experiência social, mas aponta para os modos como ela, ao se identificar com eles, expande sua vivência subjetiva.

> **Segundo Vygotsky (1991, p. 108):**
>
> Na vida, a criança comporta-se sem pensar que ela é irmã de sua irmã. Entretanto, no jogo em que as irmãs brincam de "irmãs", ambas estão preocupadas em exibir seu comportamento de irmã; o fato de as duas irmãs terem decidido brincar de irmãs induziu-se a adquirir regras de comportamento [...]. Nesse exemplo, a ênfase está na similitude de tudo aquilo que está ligado ao conceito que a criança tem de irmã; como resultado do brincar, a criança passa a entender que as irmãs têm entre elas uma relação diferente daquela que têm com outras pessoas. O que na vida passa despercebido pela criança torna-se uma regra de comportamento no brinquedo.

O modo de assumir os personagens não é aleatório, pois as crianças, ao representar, precisam ser fiéis às delimitações impostas ao próprio papel. Ser "mãe" impõe uma composição corporal, um discurso e um enredo específico (*regra de comportamento*) que é, por exemplo, diferente daquele exigido na brincadeira de médico (como pode ser percebido no caso de Gustavo-médico *versus* Gustavo-pai).

Mas a obediência à regra não está ancorada na mera reprodução do real. Se, de um lado, a criança imita parte das generalizações e ações do que é ser "mãe", de outro ela recria o personagem, principalmente a partir do enredo que desenvolve na cena lúdica. Ou seja, em que circunstância vai ser/vivenciar a "mãe".

Além de agir de acordo com as regras sociais delimitadas, os pequenos (também) compõem cenários conjeturais (interpretados? hipotéticos?) e representados, como foi discutido no Capítulo 3. Essa composição dá maior consistência (sustentação/verossimilhança) aos papéis assumidos (Góes, 2000). A mesa, por exemplo, se transforma em um "fogão" e/ou em uma "despensa".

Decerto, por meio das enunciações (das palavras), os pequenos transgridem o significado das coisas reais (a mesa, por exemplo) pelo significado das coisas imaginadas (fogão). Essa transgressão viabiliza a construção de cenários criativos complexos, em que vários objetos se articulam ao ter seu significado transformado pela imaginação, compondo o desenvolvimento de múltiplos enredos.

No episódio apresentado, as crianças delimitam, por meio de mesas espalhadas em cantos específicos, o conteúdo narrativo, bem como os papéis sociais que podem/precisam ser explorados em cada espaço. Isso sugere que a análise sobre o brincar requer uma profunda observação sobre o entrecruzamento de cenários e papéis (que se desenvolvem ao longo da atividade construída) articulados ao próprio enredo. É precisamente na narrativa, nas ações, no como "ser" do personagem dentro da brincadeira que se encontra o conteúdo dramático da experiência lúdica, de que resulta seu aspecto mais criativo.

De fato, os alunos vão, paulatinamente, definindo seus papéis (Diana diz: "Eu sou a mãe! Eu sou a mãe!"), vinculando-os à caracterização de cenários específicos, nos quais enredos temáticos vão sendo criados e desenvolvidos.

Os enredos, por sua vez, configuram-se numa incógnita: ninguém sabe o que vai acontecer! As ações de Diana e Joana, tanto no parto como no velório, asseguram, além do elemento surpresa (o suspense), o envolvimento da pesquisadora e de outras crianças que não estavam participando da brincadeira diretamente.

Com base nas análises suscitadas pelo episódio, é possível compreender a atividade lúdica:

1. Como processo de elaboração imaginativa, em que a criança, ao assumir papéis, representa (sem "roteiro" pré-combinado) a vida (incluindo aspectos dramáticos) numa configuração semelhante a um "teatro infantil improvisado", em que autoria e representação (autor/ator) se entrelaçam, num roteiro a se definir. O termo "teatro infantil do improviso" é sugestivo, nesse caso. Alguns componentes da brincadeira infantil assemelham-se à teatralidade. Não é por acaso que as definições utilizadas para a explicação do lúdico fazem direta alusão à terminologia característica do teatro: jogo de papéis, cenários, enredos etc. Ademais, há indícios, por exemplo, da presença (incipiente), no faz de conta, de dimensões definidoras do drama (tragédia), tais como a figura do herói (seu conflito), o efeito catártico (incipiente) etc. Por exemplo, a mãe que, ao dar à luz uma menina, morre e, em seguida, renasce inesperadamente (durante o enterro) é a sinopse do drama criado pelas crianças durante o faz de conta, deflagradora das inúmeras dinâmicas interativas e imaginativas emergentes no momento da brincadeira.

2. Como produto de criação infantil, na medida em que a delimitação do personagem (quem sou), o cenário e a composição da ação desenvolvida produzem efeitos no espectador (aquele que contempla a brincadeira). É ele que, ao realizar a "viagem exotópica" (ver Capítulo 1), confere acabamento estético ao que vê (Bakhtin, 1997). Aqui vale ressaltar que as crianças compõem cenários, temas, personagens etc. na maioria das vezes de forma espontânea, sem preocupação com o espectador. A ação lúdica se define na própria dinâmica. Isso, entretanto, não inviabiliza a reflexão sobre a conversão do lúdico em algo (também) vinculado ao produto criativo da criança (uma forma de registro autoral).

Como atividade artística embrionária, o lugar do espectador assume centralidade, pois é como contemplador ativo que as marcas das crianças (incluindo seus desenhos, escritos, narrativas etc.) são significadas. Sobre isso diz Leite, M. (2004, p. 35): "Relacionar-se com a cultura infantil procurando perceber sua dimensão estética e poética é, sobretudo, uma possibilidade de redimensionar esses papéis (*de ser criança, de ser adulto*[3]) preestabelecidos e estabelecer um diálogo com suas produções".

Considerar as produções infantis, seja por compreendê-las em sua dimensão artística embrionária (como aponta Tezza, 1996) seja como esfera estética e poética (de acordo com Leite, M., 2004), é algo mais complexo do que a constatação do efeito produzido no jogo de palavras.

Para além da diferença terminológica entre os dois autores (e não se pretende aqui esgotar a questão), o que está colocado é a necessidade de

---

3. Os grifos são meus.

aprofundar o próprio conceito de arte e sua relação com a formação subjetiva, priorizando, no presente estudo, a infância e a experiência escolar.

Em síntese, a indagação parece percorrer o seguinte caminho: por que o entrelaçamento entre arte e produção infantil é um esforço teórico e conceitual relevante para a compreensão do funcionamento imaginativo da criança? E, consequentemente, o que isso tem que ver com a escola?

Namura (2003), ao discutir a categoria "sentido" na obra de Vygotsky, parte das considerações do autor sobre a necessidade de compreender o comportamento humano mediante uma reflexão sobre a reação estética provocada pela arte. Sua tese de doutorado, *O sentido do sentido em Vygotsky: uma aproximação com a estética e a ontologia do ser social de Luckás*, contribui de forma significativa para compreender melhor a gênese do pensamento vygotskiano enraizada na estética e no materialismo histórico-dialético. A autora busca, com base numa releitura da obra *Psicologia da arte e Hamlet – O príncipe da Dinamarca* (Vigotski, 1999b) e de um diálogo entre Vygotsky e Luckás, problematizar aspectos da obra do psicólogo russo que não foram suficientemente explorados, tais como a experiência sensível e a estética como dimensões constituídas no sentido.

Para a autora, as análises de Vygotsky, em interface com a tradição aristotélica da tragédia, na reedição da tragédia shakespeariana e no simbolismo russo, permitem articular a concepção psicológica da atividade artística (que se ancora no sentido psicológico da reação estética) à "ação psicofísica da obra de arte sobre o fruidor (recepção estética) e o criador, num determinado contexto sócio-histórico" (2003, p. 61).

A valorização do homem pela arte, nesses termos, é o ponto central de argumentação da autora, pois, por meio das experiências artísticas em que confluem criação e autonomia do sujeito, é possível transmitir a experiência humana em sua plenitude, ou seja, em suas "ressonâncias afetivas" (Namura, 2003, p. 66).

Na obra de arte, por exemplo, matéria e forma, contraditoriamente, provocam uma resposta estética baseada nos sentimentos opostos que suscitam na consciência do leitor (síntese psicológica). É relevante, mais uma vez, salientar que a proposta da presente discussão não é efetuar comparações entre criação infantil e obra de arte. Não se trata de fazer analogias e sínteses teóricas, mas de levantar reflexões acerca da importância da expressão criativa, da arte, no desenvolvimento ontogenético, em destaque, na infância. A resposta, cuja solução está na conciliação desses sentimentos antagônicos, encontra seu momento de resolução na catarse.

> A catarse na reação estética, conforme formulada por Vygotsky, tem um conteúdo diferente da concepção psicanalítica da descarga emocional e possui uma qualidade distinta do significado da catarse de Aristóteles, porque além de educativa é transformadora. A reação estética é uma reação especificamente humana em resposta à contradição subjacente à estrutura da obra de arte, a contradição entre forma e conteúdo. A contradição suscita sentimentos opostos uns aos outros e provoca um "curto-circuito" que aniquila sentimentos; este fenômeno não se traduz em descarga emocional, mas na complexificação do pensamento e da vida afetiva; o que representa é o sentido psicológico da reação estética. (Namura, 2003, p. 71)

A arte como *transmutação de sentimentos* tem, na própria dialética entre o individual e o social, a confluência dos aspectos íntimos de expressão subjetiva incorporados às dinâmicas sociais mais amplas e complexas. A partir da experiência artística, como explica Vygotsky, os sentimentos são convertidos ao plano pessoal sem com isso perder seus vínculos sociais. Por isso, Namura sublinha os termos de Vygotsky: "A arte é o social em nós".

Em termos gerais, pode-se concluir que, na relação com a arte (tanto do lugar do espectador como do autor), encontra-se um alargamento da vivência subjetiva. Ou seja, por meio da "mimese criadora" (expressão tomada de empréstimo a Namura), tem-se expandida a compreensão subjetiva sobre o mundo circundante, sobre os sentimentos emergidos nas ações concretas da vida. A arte possibilita um conhecimento profundo sobre o humano, transcendendo-o, contraditoriamente.

Tais colaborações apresentadas parecem ser de muita relevância nos estudos sobre os processos criativos na infância, sobretudo quando se busca discernir uma dimensão embrionariamente artística, estética, poética nas produções dos pequenos. As manifestações imaginativas (brincadeiras, desenhos, narrativas etc.) ampliam de modo significativo o campo da sensibilidade e do conhecimento que cada criança tem sobre a realidade que a cerca: *os mundos tangíveis e intangíveis.*

No desdobramento dessa análise, contudo, tem-se problematizado o lugar da escola, principalmente pelas restrições impostas à ação imaginativa das crianças. Fica clara a necessidade de a instituição escolar dar mais atenção às ações criativas das crianças, não apenas porque elas são importantes do ponto de vista da expansão cognitiva, mas também porque elas se remetem à formação sensível dos sujeitos (em suas emoções). Quando tais ações não são apoiadas e as crianças se veem na *obrigação* de *camuflá-las*, restringem-se tanto as possibilidades de conhecer e interpretar o real como de senti-lo.

É exatamente nesse aspecto que a discussão toca fundo no cotidiano escolar. As práticas em sala de aula tradicionalmente marginalizam e impõem barreiras às expressões criativas das crianças, como vimos no Episódio 6. A escola, que deveria ser lócus de expansão da experiência subjetiva, na verdade a intimida, trazendo prejuízos ao desenvolvimento das crianças, que precisam disfarçar, agir às escondidas, escolhendo o momento e o lugar para se expressar criativamente (deixar seus registros).

O problema incide na necessidade de pensarmos a instituição escolar como ampliação das ações criativas, o que não significa negar a sua função educacional de formar o sujeito que raciocina, conhece a realidade e age sobre ela. O esforço maior é de considerar (de modo integrado) criatividade, sensibilidade e conhecimento dimensões fundamentais do desenvolvimento do sujeito que, por isso, não podem ser ignoradas pela escola.

O Episódio "Cenários" revela-nos a complexidade de relações, emoções, enredos que são construídos pelas crianças nos momentos que não pesam sobre elas a censura e a proibição de imaginar. Ademais, aspectos da vivência infantil e escolar (que, muitas vezes, não são notados pelos professores) também estão demonstrados.

RELEMBRANDO

Ao longo deste capítulo, vimos que:

> Na perspectiva histórico-cultural, a composição dos personagens pelas crianças relaciona-se com as suas percepções sobre a realidade social circundante. Assim, por meio das brincadeiras, os pequenos, usando a ação inventiva, ocupam o lugar de outro(s), sendo possível transitar por vários locais e realizar desejos impossíveis.

> Ao se incumbirem de papéis dentro do enredo imaginativo, as crianças assumem uma fidedignidade delimitada pelo papel que desejam representar, tendo implicações corporais, de discurso e de comportamento. Porém, não se trata de mera reprodução do real, pois, além de imitar as ações do personagem que encena, a criança o recria.

> Com base no episódio apresentado neste capítulo, percebemos que a atividade lúdica é resultado de um processo de elaboração criativa (em que a criança assume papéis e os representa por meio de improvisações) e, também, um produto de criação infantil que causa efeitos no expectador.

SUGESTÃO DE ATIVIDADES

Mostre imagens de diferentes fotógrafos contemporâneos, tais como Man Ray (site: http://www.manraytrust.com), Henri Cartier-Bresson (site: http://www.henricartierbresson.org) e Sebastião Salgado (site: http://www.amazonasimages.com/accueil).

Em seguida, entregue uma folha em branco aos alunos, papéis diversos (crepom, cartolina, celofane, camurça, entre outros), tesoura, cola, giz de cera e proponha a eles fazer os registros de seus olhares, como se fizessem uma fotografia com os próprios olhos (retomando a atividade já realizada no Capítulo 1 no passeio à escola).

Discuta, posteriormente, a relação entre produção de imagem, realidade e imaginação.

Proponha uma *expedição maluca* junto com sua turma! Vocês podem sentar em círculo e decidir ir a um lugar fictício. Por exemplo, se vocês forem a uma floresta, discuta com os alunos que instrumentos será necessário levar (corda, tesoura, garrafa de água etc.). Ao iniciar a história, faça de conta que vocês estão andando pela floresta...

Comece a narrar uma história explorando as sensações desse passeio, os instrumentos que foram selecionados anteriormente, os animais e cenários encontrados etc. Se vocês avistarem um rio, façam de conta, por exemplo, que estão nadando! Quanto mais detalhes houver na história, mais rica será a encenação das crianças.

Entrando na imaginação: o que pensam as crianças sobre o ato de imaginar

Introdução

Desde que iniciamos este livro, analisamos os episódios aqui descritos buscando compreender como o processo criativo acontece em sala de aula, seja de forma diretiva ou não diretiva. Neste capítulo, vamos identificar como as próprias crianças pensam e sentem o ato de imaginar. Observaremos uma grande conversa entre a pesquisadora e as crianças, em que o processo imaginativo é problematizado. Para nossa surpresa, constatamos quanto as crianças apresentam interessantes reflexões sobre o assunto. Além disso, notamos que imaginação e pensamento não são processos excludentes. Ao contrário, ambos encontram-se interligados e interdependentes.

A opinião das crianças sobre suas experiências criativas na escola

Além do trabalho investigativo baseado nas situações específicas de manifestação da imaginação da criança na esfera escolar (em seus contextos diretivos e não diretivos), veremos a seguir como as crianças concebem, pensam e comentam a experiência de imaginar. Por meio de conversas infor-

> **Este capítulo propõe:**
> - Refletir sobre o tema da imaginação com base nas narrativas das crianças.
> - Perceber a importância de dar voz às crianças, oportunizando suas opiniões acerca de se colocar no mundo, o que reflete no próprio modo de elas organizarem seus atos de pensar.

96 | Daniele Nunes Henrique Silva

mais e oficinas criativas, mediadas e organizadas pela pesquisadora, podem-se identificar algumas dessas percepções, articulando-as à vivência escolar. Vejamos os episódios a seguir.

Episódio 7 – Comentários sobre a imaginação

A professora, a pedido da diretora, saiu para resolver um problema externo da escola (o conserto do vídeo) e pediu à pesquisadora que ficasse com a turma. A pesquisadora perguntou se poderia organizar algumas reflexões com as crianças sobre a experiência criativa na escola e, mediante o consentimento da docente, iniciou a sua proposta de trabalho com os alunos.

Todos, então, sentam-se em roda, e a pesquisadora pega duas histórias que foram feitas pelas crianças sobre o grão de feijão. Escolhe, propositadamente, a narrativa de Diana e a de Carlos (apresentadas no Episódio 2), buscando saber se as crianças notam as diferenças narrativas entre ambas histórias. (É importante lembrar que Diana narrou uma história fantástica, distante do que foi pedido pela professora, com forte apelo imaginativo, enquanto Carlos contou uma história com precisa referência à experiência feita com o grão de feijão, tal como vivenciada na sala de aula.)

Após a leitura, a pesquisadora pergunta se as crianças gostaram do que ouviram...

Todos respondem afirmativamente.

Em seguida, indaga sobre a diferença entre as histórias lidas.

– O que vocês acham que é diferente nessas histórias?

Silêncio.

– Vocês acham que essas histórias são iguais?

– Não – respondem as crianças, acenando negativamente com a cabeça.

– Então o que é diferente?

– Essa história (aponta para o livro, referindo-se à que foi elaborada por Carlos) é sobre o que a gente viu na sala – afirma Gustavo.

– Como assim? – insiste a pesquisadora.

– A nossa experiência, né? – argumenta, um pouco irritado.

Nicolas diz:

– O copo de algodão, em que colocamos o feijão.

– Ah! Entendi.

– E essa aqui? – a pesquisadora aponta para a história de Diana, que está na mão de Gustavo.

– Essa é da cabeça... – responde Nicolas.

– Como assim, da cabeça? – problematiza a pesquisadora.

– Do cérebro, né, tia? – diz Gustavo, irritado.

– Daqui de dentro – comenta Joana (batendo com a mão na cabeça).

– Por isso ela é diferente? A outra história também não veio da cabeça? – pergunta a pesquisadora.

– Não! Essa história da Diana é maluca. Não é de verdade. Ela vem da nossa cabeça! – conclui Gustavo.

Episódio 8 – Comentários sobre a imaginação

As crianças pegam o lanche, rezam e cantam. Enquanto lancham, a pesquisadora observa atentamente a narrativa iniciada por Nicolas sobre neve e pergunta:

– Que neve? Nicolas, que neve é essa de que você está falando? Você vai escorregar na neve, é isso?

– É neve de Natal! Faz um friiiio (encolhe o corpo enquanto fala)...

– Vocês já viram neve? – continua a pesquisadora.

Nicolas, Jorge e Diana confirmam.

– E... onde vocês viram? – indaga a pesquisadora.

– Eu vi lá na casa da minha avó! – confirma Jorge.

– Ah! Na casa da sua avó! – continua a pesquisadora

– É... lá no Polo Sul! – Gustavo comenta.

Nicolas repete:

– É, lá no Polo Sul. Sabe o que tem lá também? Furacão!

– Ah é? Eu quero perguntar se alguém já viu neve... – insiste a pesquisadora.

– Eu já! – afirma Jorge

– Conta, Jorge... quando você viu neve?

98 | Daniele Nunes Henrique Silva

– Quando eu fui na casa da minha avó.
– Na casa da sua avó, como é que foi?
– Foi bom. Eu fiz um boneco de neve! – diz Jorge à pesquisadora.
Nicolas comenta:
– Boneco de neve é assim (aponta para o mural com desenhos de animais feitos por eles). É de verdade! Tem assim... uma caverna toda de neve. Ele está lá dentro da caverna!
– Ah... ele está lá? Você já viu?!
Enquanto mastiga o biscoito, Nicolas confirma com a cabeça.
– Oh, tia, ele... (comenta algo que não é possível entender) – Diana interrompe.
– É... eu, Diana e Jorge, não é Diana? – comenta Nicolas.
Diana retoma:
– A gente saiu correndo...
– Aí vocês saíram correndo? Conta para mim como foi isso? – pede a pesquisadora.
– Eu fui lá! Socorro! Socorro! – imita Nicolas com as mãos sobre a boca.
– Ah, agora entendi... Aí, vocês entraram e viram o boneco de neve?
– [...] Aí tinha um boneco de neve de verdade e a gente saiu correndo! – continua Diana.
– É mesmo?! – pergunta a pesquisadora.
– A minha madrinha, de Diana e de Jorge mora lá! – diz Nicolas.
Pergunta a pesquisadora:
– Onde? Lá onde?
– Ela mora perto da casa do urso! – afirma Nicolas.
– É urso ou é boneco?
– Perto da casa do boneco de neve! – afirma Nicolas.
– E o urso mora perto da casa do boneco de neve? – a pesquisadora problematiza.
– Não! – nega Jorge.
– Me diz uma coisa: isso é uma história de verdade ou de fantasia? – pergunta a pesquisadora.
– Ela existe! – exclamam Nicolas e Diana.
– Não! – nega Jorge.
– Então, Jorge, me diga, de onde você acha que vêm essas histórias?

– Do céu! – diz ele.

– É do céu que elas vêm? A história cai do céu e vem para sua cabeça? – indaga a pesquisadora,

As crianças riem descontraídas.

– Vêm da cabeça! – confirma Jorge.

– Vêm da cabeça! E o que é que a gente faz? – pergunta a pesquisadora.

Nicolas interrompe:

– Da imaginação (diz pondo a mão na cabeça)!

– Da imaginação! E quando a gente imagina o que é que a gente faz? Quem sabe me dizer o que a gente faz quando imagina? – continua a pesquisadora

– Pensa em um lugar! – diz Nicolas.

– Pensa em um lugar... E o que mais?

– Pensa que tá num avião! – comenta Diana.

– O que mais a gente imagina? – insiste a pesquisadora.

– Pensa que a gente tá na neve! – comenta Nicolas (remetendo à história que acabou de ser narrada).

– Quando a gente imagina, a gente...?

– Pensa! – exclama Gustavo.

– Quando a gente imagina, a gente fica com medo... com medo da morte! – arrisca Nicolas.

– Você imaginou que estava morrendo? – pergunta a pesquisadora.

Nicolas explica:

– Que minha irmã tinha uma boca assim (mostra com as mãos) e queria comer minha cabeça!

– E isso tudo veio da sua cabeça, não é? – comenta a pesquisadora. (Nicolas confirma com a cabeça.)

– E você ficou com medo quando imaginou isso? – continua a pesquisadora.

(Nicolas continua afirmando positivamente).

– Às vezes, a gente imagina coisas de que a gente tem medo, não é? Alguém aqui já imaginou alguma coisa de que teve medo?

– Eu! – afirma Diana.

– Quando? O que você imaginou? – indaga a pesquisadora.

Nicolas responde, cruzando os braços:

– Eu sei o que Diana imaginou!

– O quê? – pergunta a pesquisadora.

Nicolas diz:

– Que a mãe dela estava voando no elevador!

[...]

Retoma a pesquisadora:

– Aqui na escola a gente imagina coisas?

Todos respondem:

– Imagina!

– O que a gente imagina na escola? – pergunta a pesquisadora.

Diana responde:

– Que a gente tá andando de *skate*!

– O que mais a gente imagina na escola? – continua a pesquisadora.

Diana responde:

– Que a gente está no avião!

Nicolas intervém:

– Que a gente está na nave espacial!

– Mas a gente pode fazer essas coisas na escola? – indaga a pesquisadora.

Todos:

– Não!

– O que é que a gente imagina na escola e pode ser feito na escola? – continua a pesquisadora.

Diana responde:

– Desenho!

Gustavo comenta:

– Dever!

– Dever?! A gente imagina dever? – continua a pesquisadora.

Todos dão risada.

Nicolas nega com os dedos e pontua:

– Imagina só os desenhos!

– Imagina os desenhos. E o dever, a gente imagina?

– Não! – responde Nicolas.

– Não. Por que a gente não imagina o dever?

– Porque o dever é sério! – confirma Nicolas.

– E a imaginação, é séria? – pergunta a pesquisadora.

– Não! – afirma Nicolas, irritado.

Gustavo interrompe:

– É!

– É ou não é? – indaga a pesquisadora.

– É! – mantém Gustavo.

◀ ◀ ◀

São várias as reflexões que podem surgir acerca dos comentários das crianças sobre o que é imaginar. Num primeiro momento, diante de duas diferentes versões da história do grão de feijão (aquelas vistas no Capítulo 3), elas parecem ter noção de que uma narrativa está baseada na experiência realizada em sala de aula e a outra se caracteriza por uma referência aos aspectos inventivos.

Na caracterização dos elementos da fantasia (Episódio 7), as crianças se remetem à ideia de que a história de Diana saiu da "cabeça", "do cérebro", ou seja, não se baseia no real.

É interessante observar que os pequenos parecem estabelecer, na diferenciação, a relação de que uma narrativa, ao se basear no real, é descritiva e a outra, ao ser elaborada pela criança, é autoral e "vem da nossa cabeça".

Além de "virem da cabeça", as ideias imaginadas são delirantes e inverídicas. Gustavo, por exemplo, comenta: "Essa história da Diana é maluca. Não é de verdade..."

Na análise, apresentam-se indícios de que a criança internaliza a concepção imposta pela sociedade majoritária de que as coisas que não estão presas ao real referem-se ao campo do devaneio, do ilusório. Tal premissa também se reproduz e se legitima nas relações escolares, pois elas ainda estão estruturadas por princípios epistemológicos sustentados na visão dicotômica de homem, em que razão e imaginação se colocam de forma antagônica.

O ato de imaginar é compreendido pelas crianças como lócus da liberdade, em que elas podem fazer o que quiserem, estar no lugar desejado. É experimentar dimensões da vida que seriam impossíveis no cotidiano. Elas podem imaginar-se no Polo Sul, construindo bonecos de neve, ou mesmo andando de *skate*. Todas essas criações inventadas e ideias fantasiadas são compreendidas pelas crianças como algo delas, de sua autoria e, portanto, da esfera de seu pensamento. Talvez por isso, Gustavo, ao concluir a afirmativa da pesquisadora, associe imaginar a pensar.

A imaginação também se vincula ao medo, ao desprazer, ou melhor, à imagem de ver a própria irmã querendo comer sua cabeça, como explicita Nicolas. Tal situação parece evidenciar parte das proposições de Vygotsky sobre a relação entre imaginação e emoção.

O autor comenta, como vimos no Capítulo 2, que os modos de vinculação da imaginação ao real (e vice-versa) também são permeados por dimensões afetivas, por sentimentos (emoções) suscitados pela produção de imagens.

> As imagens criadas pela fantasia são também capazes de despertar emoções e sentimentos reais [...] A imaginação é capaz de oferecer uma espécie de linguagem interior dos sentimentos, já que seleciona determinados elementos da realidade e combina-os de tal maneira que corresponda ao estado interior de ânimo e não à lógica exterior destas próprias imagens. Há, então, uma vinculação recíproca entre imaginação e emoção: os sentimentos influem na imaginação, assim como a imaginação influi nos sentimentos. (Cruz, 2002, p. 34)

A expansão para uma variedade de experiências e emoções implica interpretações subjetivas (portanto, sensíveis) sobre a própria realidade. Desdobra-se, a partir da atividade criadora, a possibilidade de viver estados de ânimo que não seriam acionados "naturalmente", mas sobrevêm e ganham significação nas ações criativas.

No que tange à experiência pedagógica, as crianças parecem concordar que a escola é um espaço em que se imagina. Ou seja, quando se está em sala de aula, é possível produzir diversas imagens, deslocar-se

Imaginação, criança e escola | **103**

para múltiplos cenários. Contudo, se por um lado é possível *ir mentalmente a lugares fictícios*, a manifestação dessas imagens, das ideias criadas, parece sofrer limitações. De fato, o único momento em que as crianças consideram possível a criação na escola é quando desenham, como aponta Nicolas.

Imaginar não é cumprir tarefas. O "dever" é algo "sério" que se contrapõe ao conceito de imaginação. Em outros termos, a ideia de imaginação está diretamente vinculada ao campo da não seriedade, da "maluquice", e não faz parte das atividades escolares imediatas. Conscientes disso, as crianças "sabem" que não podem expressar livremente suas criações e por isso tantas vezes camuflam-nas no cotidiano da sala de aula.

As questões suscitadas com os últimos episódios trazem apontamentos sobre o modo como as crianças internalizam o conceito de imaginação com base no que vivem nas suas práticas sociais, no que é legitimado socialmente. Ademais, refletem que elas identificam o lugar imaginativo no centro da experiência ilusória – que, portanto, está distante da proposta instrucional da escola.

RELEMBRANDO

Ao longo deste capítulo, vimos que:

> Ouvimos a voz das crianças! Dando ênfase ao que os pequenos dizem e pensam acerca do imaginar, podemos perceber que eles depreendem que aquilo que não está ligado ao real refere-se ao campo do ilusório. Em contraponto, a possibilidade de imaginar é vivida pelas crianças numa dimensão de liberdade, em que elas podem fazer o que "querem", estar em locais nunca antes visitados.

> Na fala das crianças, percebe-se que a escola é um espaço em que se formam imagens ficcionais, pois os pequenos conseguem se deslocar em múltiplos cenários. Mas, na maioria das vezes, as manifestações criativas sofrem limitações, impeditivos e não são desejadas.

SUGESTÃO DE ATIVIDADES

A Trabalhe com os alunos a literatura de cordel e escolha uma narrativa que tenha elementos que mesclem o real e a fantasia. Peça que eles, com base no material em verso, façam um teatro de fantoche. Primeiro, pense na criação dos fantoches, na construção da "boca de cena" (você pode usar papelão), no cordel transformado em prosa e, por fim, nos cenários/figurinos. Aproveite e faça uma pesquisa sobre as músicas regionais, revelando a esfera rica do nosso folclore. Junte tudo e proponha uma apresentação da peça em sua escola!

B Para ampliar a discussão sobre imaginação e infância, sugerimos assistir ao DVD "Reinações de Narizinho", baseado na obra de Monteiro Lobato (Som Livre, 2010).

C Para melhor compreender as heranças conceituais acerca da imaginação, sugerimos a leitura do livro *No tear de Palas: imaginação e gênio no século XVIII – Uma introdução*, de E. A. Dobranski.

Comentários gerais

A imaginação é uma das funções estudadas pela corrente histórico-cultural (em especial pelo psicólogo L. S. Vygotsky), que a entende como a capacidade do homem de criar novas imagens por meio da associação e dissociação de impressões percebidas do real. Como forma especificamente humana de atividade consciente, a imaginação consolida as ações criadoras que se manifestam em todos os aspectos da vida cultural do homem. De fato, não há nada no mundo (excetuando-se o que é da ordem da natureza) que não seja resultado da criação humana, de sua autoria. A ciência, a arte e a técnica são exemplos de produções que, ao ser viabilizadas pela imaginação, conferem aos homens uma dimensão autoral.

Como autor, cada indivíduo tem objetivado no real, nas diversas obras que compartilha, cria ou vê sendo criadas, um saber original sobre a própria realidade. Por isso, é impossível pensar os atos criadores dissociados dos atos de significação e dos processos de interpretação historicamente produzidos. Nesse sentido, imaginar e conhecer são processos indissociáveis da atividade mental do homem e constituem o princípio do processo criativo.

A ação criadora manifesta-se ao longo de todo o desenvolvimento ontogenético e assume contornos específicos na infância. As formas de as crianças configurarem suas expressões criativas por meio de brincadeiras, narrativas, desenhos etc. indicam não somente seus modos de pensar sobre o real, mas também de senti-lo e interpretá-lo.

Como já foi dito, a composição interpretativa e expressiva demonstrada nas ações inventivas da criança sobre a realidade permite a exploração de esferas cognoscitivas e sensíveis sobre a sua experiência no mundo. A criança pode ser o outro quando brinca, fantasiar histórias e explorar desejos quando narra, inventar mundos e reconfigurar a realidade quando desenha. As condições em que a criança vive, o que vê e o que ouve tornam-se material para sua futura criação.

Na análise dos episódios apresentados nos capítulos anteriores, há indícios de que as ações do imaginativo deflagram processos embrionariamente artísticos. Num desdobramento, é possível conceber níveis de experiências estéticas e poéticas (como afirma Leite, M., 2004) na configuração das manifestações criativas das crianças: seus registros são reveladores de sua produção cultural e diferem (*na forma e no conteúdo*) das expressões do mundo adulto.

Ao longo do livro, foram apresentados alguns momentos reveladores da potencialidade criativa na infância, em que se podem apontar indícios teóricos que articulam sensibilidade e conhecimento à atividade criadora.

Outrossim, a emergência dos processos criativos está vinculada a condições sociais específicas. O que e o como se imagina são determinados pelas condições de produção da expressão criativa, por seu contexto cultural mais amplo, caracterizando sua base sociogenética.

Por isso, Vigotsky (1999, p. 8) alerta para a importância de pesquisas sobre a imaginação em diversos âmbitos, em especial o educacional, afirmando que a temática da atividade criadora é central nos estudos de psicologia e pedagogia.

> Uma das principais questões da psicologia e da pedagogia infantil é a que se refere à criação da criança; seu desenvolvimento e a importância do trabalho criador para a evolução geral e maturação da criança. Desde a mais tenra infância, observamos processos de criação que se apreciam melhor nos jogos: a criança que se imagina no cavalo e monta uma vassoura; a menina que se imagina mãe ao brincar com suas bonecas; outro que se transforma em bandido, em soldado ou marinheiro. Todas essas crianças mostram exemplos da mais autêntica e verdadeira criação.[4]

---

4. Tradução minha.

Nesse sentido, o privilégio do acontecimento pedagógico consiste no fato de nele poder estar contida a possibilidade de expandir tais atividades inventivas. O que significa dizer que os espaços formativos devem diversificar, multiplicar as experiências dos pequenos diante da realidade conhecida, vivida e sentida.

Entretanto, as pesquisas recentes apresentadas ao longo desta obra apontam para a restrição de ações pedagógicas que privilegiam a imaginação. Na investigação de Leite, A. (2004), fica evidenciado que, nas escolas, as práticas pedagógicas docentes vêm tradicionalmente impondo barreiras às ações criativas das crianças. Há, de fato, uma forte tendência de submeter aspectos da imaginação ao conhecimento racionalizado.

> [...] o imaginário, tecido nas interfaces entre a ação da criança – seus processos de significação na e pela linguagem, carregada de sentidos –, acaba muitas vezes sendo negligenciado, em nome de uma forma de saber e de normas de conduta que são constituídas e valorizadas socialmente, no espaço institucional escolar. O saber de uma racionalidade objetiva e a disciplina, presentes nos enunciados das professoras e das crianças, vão aos poucos sendo tecidos no contraponto com as manifestações imaginativas ocorridas na sala de aula. (Leite, A., 2004, p. 90)

Contudo, visa aqui indicar que, apesar do pouco investimento institucional, as ações guiadas pela imaginação estão presentes no cotidiano da escola. Apesar das coibições docentes, as crianças configuram enredos imaginativos e, muitas vezes, *resistem* às restrições que lhes são impostas.

Em alguns momentos, os pequenos criam cenários imaginativos que ficam camuflados na própria atividade dirigida pelo docente. Eles buscam, ao mesmo tempo, não atrapalhar o desenvolvimento da atividade proposta (*o dever*) e garantir espaço para a elaboração criativa. Brincam, por exemplo, em silêncio (Episódio 5, O bebê – Capítulo 3) ou em paralelo à tarefa exigida pelo docente (Episódio 4, O taxista – Capítulo 3).

Em outras situações na sala de aula, quando encontram uma brecha mais explícita, os pequenos parecem *transgredir,* por meio das elaborações criativas, orientações pedagógicas sistematizadas pelo docente. Inserem, portanto, elementos inventivos nas tarefas regulares (como nos exemplos narrativos de Anderson e Diana) ao escreverem suas histórias sobre o feijão (Episódio 2 – Capítulo 3). Nesses casos, elas *sabem* que se trata de *resistência*, pois disfarçam e agem às escondidas para não ser *descobertas*.

Em (quase) todos os episódios, a figura do professor está evidenciada (excetuando-se aqueles encontrados no Capítulo 4). Os elementos apresentados demonstram as dificuldades estruturais mais amplas de identificação da criatividade (como processo) na organização do trabalho escolar. Foram assinalados os percalços vividos pelos docentes diante das deliberações administrativas da escola, bem como as limitações impostas pela rotina institucional e o desinteresse pelas iniciativas profissionais orientadas para aspectos menos formativos do ensino (tal como foi discutido na introdução do presente trabalho).

Sabe-se que a formação dos professores tem privilegiado, tradicionalmente, o enfoque disciplinar e controlador dos processos de ensinar e aprender na escola. Os planejamentos e as avaliações estão orientados para esse objetivo instrucional, e a concepção de aula está fundada nesses princípios. Todas as outras atividades, como as expressões criativas, que se destacam pela imprevisibilidade, pela liberdade de expressão e pela experiência sensível, acabam marginalizadas e, por isso, restringidas (Leite, A., 2004; Silva, 1993).

Algumas tarefas escolares, entretanto, fazem referência explícita a personagens inventados. No Episódio 2, o feijão apresentado pela professora tinha olhos, chupeta e sorria. No Episódio 3, a leitura de lendas trazia personagens de mitos populares para o ambiente educacional: o Curupira, a Iara, o Boi-Bumbá etc.

O problema, contudo, é o modo como a experiência criativa é vivida na escola. Decerto, busca-se nas ações pedagógicas aprender a vivência imaginativa para fins instrucionais, submetendo-a aos contornos da experiência com o conhecimento racionalizado, comprovado e determinado pelo real.

A imaginação, nesses termos, serve de base motivacional e de instrumento facilitador da aprendizagem, e por isso a atividade criadora não se desenvolve plenamente, limitando-se à realização de uma tarefa pedagógica: pintura do Curupira, descrição da experiência com o grão de feijão etc.

Nesse sentido, há um desafio que a escola precisa enfrentar melhor. Muitas vezes a professora quer transmitir um conhecimento e admite que é interessante uma abordagem lúdica. Ela se vale da composição de desenhos, de atividades com sucata, de estratégias pedagógicas etc. que fazem direta alusão ao enredo imaginativo. Contudo, ao eleger uma forma *esperada* para que a criança efetue as tarefas – pedindo a ela que reconte, por exemplo, a história do feijão numa transposição direta à experiência realizada em sala de aula –, a professora ignora outras formas de expressão sobre o real e outros modos de funcionamento imaginativo de seus alunos.

As crianças não ganham muito com isso, é fato. Mas o professor, por sua vez, perde(-se) duplamente, pois muitas vezes não ensina satisfatoriamente os conteúdos formais (ao revesti-los de elementos imaginativos caricatos) nem favorece a expansão da imaginação, na medida em que impõe a adesão aos aspectos do real. Os propósitos pedagógicos se equivocam pela sua indefinição.

Sem dúvida, é dever da escola ampliar o conhecimento formal. Esse aspecto não pode ser negligenciado. A forma de ensinar, todavia, e o conteúdo precisam levar em conta que as questões da imaginação e do conhecimento estão interligadas e não podem ser tratadas de forma dissociada (como denunciam as falas das crianças no Capítulo 5).

Não existe um momento de aprender e outro de imaginar. O que não significa negar que há, na rotina escolar, ocasiões que favoreçam maior exploração das ações criativas e outras que privilegiem a sistematização do conhecimento. Identificar tais momentos e explorá-los da melhor forma possível é um aspecto que necessita ser repensado pela escola.

O que parece ser complicado é o desprestígio, para a escola, das manifestações criativas das crianças. Ainda mais grave é notar que elas precisam criar *resistências, transgressões* e, em certas situações, *rebeldia* para impor seus cenários imaginativos (ver o Episódio 3, Capítulo 3, no qual Gustavo contesta a *inexistência* do Curupira).

Os pequenos percebem que suas ações criadoras não são bem-aceitas na escola. Seus comentários revelam que o território institucional é *sério,* que a sala de aula é lugar para fazer o dever e que isso de algum modo é o oposto de imaginação! Eles parecem ter internalizado o que socialmente é esperado e valorizado pela cultura em termos de edificação da experiência racionalista. Certamente, a escola é um dos espaços reprodutores desse ideário hegemônico. Por isso, a atividade criadora é enunciada como lugar da *maluquice* e da *não verdade.*

Porém, restringir a criação infantil, não favorecê-la, é reduzir a habilidade expressiva e interpretativa da criança, trazendo limitações ao campo da experiência abstrata, da elaboração do pensamento reflexivo e do conhecimento dela sobre si mesma, sobre o outro, sobre o mundo.

No que tange à organização escolar, o desafio reside no fato de a atividade criadora não ser estável. As ações guiadas pela imaginação (articuladas com as condições da realidade) repousam freneticamente no lugar do devir, orientam-se para o futuro, para o que não existe (nas margens do sentido). Tal instabilidade precisa ser encarada positivamente pela escola como esfera propícia à ampliação da experiência humana, seja de adultos ou de crianças.

Posfácio

Contrariamente às tendências epistemológicas dicotômicas, os autores da corrente histórico-cultural, em particular Vygotsky, buscam pensar o humano, a natureza da consciência, com base nas condições concretas de vida, da práxis relacional, que consolida o sentido de estar e ser sujeito no mundo. Parte-se, então, do pressuposto de que a experiência ontológica, caracterizada pelo funcionamento psicológico de ordem superior (as funções psicológicas), em especial a imaginação, se faz da confluência do sensível e do racional, consolidados nas margens da significação. Essas considerações são muito relevantes para compreender o modo de configuração da manifestação imaginativa no espaço da sala de aula. E, coerentemente com isso, Vigotsky (1999) teceu importantes reflexões sobre a esfera pedagógica, explicitando a necessidade de aumentar as investigações acerca do funcionamento criativo infantil articulado ao campo educacional.

Isso porque, para o autor, a imaginação é uma função particularmente importante, definidora da capacidade do homem de criar ideias, cenários, objetos, que ainda não estão presentes na realidade. E, no caso da criança pequena, é por meio da imaginação que ela consegue experimentar sensações, conhecer mundos, explorar sentimentos que não foram direta ou suficientemente vividos na sua realidade.

Mas, apesar da ênfase atribuída pelos autores, a imaginação não é uma preocupação importante dos projetos pedagógicos. Além disso, é um tema pouco explorado pela bibliografia educacional e quase nada problematizado na formação de professores.

Estes, em seu turno, estão encerrados em planejamentos que enfatizam os saberes institucionais, tradicionalmente já esperados. Além disso, estão marcados por exigências burocráticas, métodos pedagógicos, materiais didáticos que diminuem suas possibilidades de transformar o contexto educacional.

A escola (ainda) está fixada numa herança clássica que vincula a ideia de imaginação, sensibilidade e emoção aos desvios acidentais, ao campo das ilusões subjetivas (Dobranski, 1992).

Imaginar, nesses termos, é ação contrária à consolidação do saber racional, sistematizado. Conhecimento e imaginação estão apresentados, na dinâmica pedagógica, em lados opostos (quando não excludentes). E a sala de aula é a síntese dessa premissa.

Em função desse contrassenso, as questões discutidas até aqui apontam para a relevância de repensar a maneira como a escola organiza seu projeto pedagógico, na medida em que indica a necessidade de acolher as dinâmicas criativas e sua importância para o desenvolvimento da criança. Cruz (2002, p. 97), preocupada com essa questão, aponta:

> Em nossas escolas, o pensamento está instituído como razão. Os "para quês" e sentidos do conhecimento, e todas as construções imaginárias ali implicadas, via de regra, permanecem à margem do processo educativo das crianças. Os aspectos cognitivos da elaboração de conhecimento parecem estar privilegiados em detrimento dos seus aspectos éticos e estéticos, que a relação com a imaginação põe em evidência. Busca-se conter a imaginação, disciplinando-a, o que talvez produza, entre outras coisas, um saber (saber?) que se constitui pela lógica ou pela repetição e que passa ao largo de motivações, desejos e necessidades das crianças – que afinal e sempre, são crianças que vivem – "na carne" – relações com o mundo e com a cultura.

O foco argumentativo da autora coloca em xeque o princípio epistemológico que concebe o processo imaginativo à margem da dimensão cognoscitiva, como algo secundário e, portanto, irrelevante para o planejamento educativo.

Por isso os estudos vêm indicando que as interdições e barreiras ao desenvolvimento de ações criativas são comuns no cotidiano institucional, em função da prevalência de uma forma de conceituação do real. Não casualmente a escola se constitui como um lugar árido para as manifestações imaginativas produzidas pelas crianças, que sabem que suas ações criadoras desestabilizam a sala de aula, pois não são desejadas. Elas precisam conter sua inventividade e muitas vezes camuflá-la. No controle de seu corpo, é a sua imaginação que está sendo vigiada na escola.

Mas as crianças não aceitam passivamente as interdições e criam esferas de *resistências/transgressões*, buscando configurar às escondidas, em algumas brechas, seus enredos criativos.

Os pequenos transgridem as coibições escolares, pois são desejosos de (se) expressar produtiva e poeticamente. No cotidiano, eles *precisam* deixar suas marcas (suas inscrições criativas) à medida que conhecem, dialogam (com) e sentem o mundo.

Com muitas dificuldades e certa precariedade, as crianças manifestam suas ações imaginativas na escola. Por meio de ações lúdicas, dos desenhos e das narrativas, elas vão demonstrando seus modos de interpretação/expressão da realidade.

Contudo, como pôde ser visto ao longo do presente trabalho, a precariedade traz, indubitavelmente, prejuízos ao desenvolvimento, não apenas cognoscitivo, mas também sensível da criança.

A escola e as políticas educacionais não podem continuar ignorando esse fato. Precisam buscar novas alternativas pedagógicas, instaurando um compromisso com a utopia das produções e criações infantis. As crianças merecem ser apoiadas na criação e no desenvolvimento efetivo de suas ideias, de sua imaginação!

Lócus da criação, a aula pode ser vista como um "ateliê criativo" em que o princípio da coautoria entre alunos e professores seja garantido como central para a produção de novos saberes e múltiplas vivências, inclusive sensíveis.

Isso, por sua vez, não quer dizer que a escola deva esquecer seu papel na formação e sistematização do saber produzido historicamente. Ao contrário, ela precisa, a partir daí, evidenciar em suas práticas que o saber foi (e é cotidianamente) produzido por homens criadores do mundo (autores). Sujeitos que imaginam coisas.

Referências bibliográficas

ABREU, F. S. D.; SILVA, D. N. H. "Professor e autoria: focalizando a dimensão criadora no fazer pedagógico (uma análise preliminar)". In: VII Colóquio Nacional de Pesquisa em Educação – Qual Conhecimento? Qual Educação?, 2010, Belo Horizonte. *Qual conhecimento? Qual educação?* São João Del-Rei: Editora UFSJ, 2010.

BAKHTIN, M. *Marxismo e filosofia da linguagem*. 7. ed. São Paulo: Hucitec, 1995.

_____. *Estética da criação verbal*. São Paulo: Martins Fontes, 1997.

BERNIS, J. *A imaginação – Do sensualismo epicurista à psicanálise*. Rio de Janeiro: Jorge Zahar, 2003.

BRASIL. Conselho Nacional de Educação. *Parecer CNE/CEB 15/98*. Diretrizes Curriculares para o Ensino Médio. 1998a.

_____. Conselho Nacional de Educação. *Resolução CEB 3, de 26 de junho de 1998*. Institui as Diretrizes Curriculares para o Ensino Médio. 1998b.

_____. Ministério da Educação e do Desporto. Secretaria de Educação Fundamental. *Referenciais Curriculares Nacionais para a Educação Infantil*. Brasília: MEC/SEF, 1997.

_____. *Lei de Diretrizes e Bases da Educação Nacional*. Lei n. 9.394/96, de 20 de dezembro de 1996.

CLARK, K.; HOLQUIST, M. *Mikhail Mikhailovich Bakhtin*. São Paulo: Perspectiva, 1998.

CRUZ, M. N. *Imaginação, conhecimento e linguagem: uma análise de suas relações numa perspectiva histórico-cultural do desenvolvimento humano*. Tese (Doutorado em Educação) – Faculdade de Educação, Universidade Estadual de Campinas, Campinas, 2002.

CRUZ, N.; GÓES, M. C. R. "Sentido, significado e conceito: notas sobre as contribuições de Lev Vygotsky". *Pro-Posições*: Dossiê temas e tendências na perspectiva histórico-cultural. Campinas: Faculdade de Educação/Unicamp, v. 1, n. 1, maio/ago. 2006, p. 31-46.

CURSO DE LITERATURA INFANTIL – Módulo I – Programa de Educação Continuada a Distância/Portal da Educação.

DOBRANSKI, E. A. *No tear de Palas: imaginação e gênio no século XVIII – Uma introdução*. Campinas: Papirus, 1992.

DUARTE, N. "A anatomia do homem é a chave da anatomia do macaco: a dialética em Vygotsky e em Marx e a questão do saber objetivo na educação escolar". *Educação e Sociedade*: revista quadrimestral de Ciência da Educação, n. 71, 2. ed. Campinas: Cedes, 2000.

FARIA, A. L. G.; DEMARTINI, Z. B. F.; PRADO, P. D. (orgs.). *Por uma cultura da infância: metodologias de pesquisa com crianças*. Campinas: Autores Associados, 2002.

FERNANDES, H. "Infância e modernidade: doença do olhar". In: GHIRALDELLI JR., P. (org.). *Infância, escola e modernidade*. São Paulo: Cortez, 1997.

FERREIRA, S. *Imaginação e linguagem no desenho da criança*. 3. ed. Campinas: Papirus, 1998.

FRANCHI, E. *A redação na escola: e as crianças eram difíceis*. 2. ed. São Paulo: Martins Fontes, 2002.

GERMANOS, A. P. R. *Desvendando o jogo: os dizeres de professores sobre o brincar no trabalho pedagógico*. Dissertação (Mestrado em Educação) – Faculdade de Educação, Universidade Metodista de Piracicaba, Piracicaba, 2001.

GÓES, M. C. R. "As relações intersubjetivas na construção de conhecimentos". In: SMOLKA, A. L.; GÓES, M. C. R. (orgs.). *A significação nos espaços educacionais: interação social e subjetivação*. Campinas: Papirus, 1997.

_____. "A formação do indivíduo nas relações sociais: contribuições teóricas de Lev S. Vygotsky e Pierre Janet". *Educação e Sociedade*: revista quadrimestral de Ciência da Educação, n. 71, 2. ed. Campinas: Cedes, 2000.

GÓES, M. C. R.; LEITE, A. "Cognição e imaginação: elaboração do real pela criança e as práticas de educação infantil". Trabalho escrito para o II Encontro Internacional Linguagem, Cultura e Cognição – Reflexões para o ensino (16-18 julho). Belo Horizonte, Faculdade de Educação/UFMG, 2003.

GONÇALVES, M. F. C. "'Se a professora me visse voando ia me pôr de castigo' – A representação da escola feita por alunos da pré-escola da periferia". In: OLIVEIRA, Z. M. R. (org.). *Educação infantil: muitos olhares*. 5. ed. São Paulo: Cortez, 2001.

HENRIQUES, E. "A licenciatura como espaço de produção e instituição de sentidos". *Anais do XII Endipe*. Conhecimento Local e Conhecimento, Curitiba, 2004.

HOUAISS, A.; VILLAR, M.; FRANCO, F. *Dicionário Houaiss da língua portuguesa*. Rio de Janeiro: Objetiva, 2004.

KAZ, L. "Brasil, palco e paixão: o espectador e o espetáculo". In: *Brasil, palco e paixão*. Rio de Janeiro: Aprazível, 2005.

KRAMER, S. *A política do pré-escolar no Brasil: a arte do disfarce*. 2. ed. Rio de Janeiro: ZAHAR, 1984.

LEITE, A. R. I. P. *O lugar da imaginação na prática pedagógica da educação infantil*. Tese (Doutorado em Educação) – Faculdade de Educação, Universidade Metodista de Piracicaba, Piracicaba, 2004.

LEITE, M. I. "Linguagens e autoria: registro, cotidiano e expressão". In: *Arte, infância e formação de professores – Autoria e transgressão*. Campinas: Papirus, 2004.

LOPES, A. E. "Foto-grafias: as artes plásticas no contexto da escola especial". In: KRAMER, S.; LEITE, M. I. (orgs.). *Infância e produção cultural*. Campinas: Papirus, 1998.

LURIA, A. R. *Pensamento e linguagem: as últimas conferências de Luria*. Porto Alegre: Artes Médicas, 1986.

MARX, K. *Antologia filosófica*. Petrópolis: Vozes, 1971.

_____. *Ideologia alemã*. 11. ed. São Paulo: Hucitec, 1999.

NAMURA, M. R. *O sentido do sentido em Vygotsky: uma aproximação com a estética e a ontologia do ser social de Lukács*. Tese (Doutorado em Psicologia Social) – Pontifícia Universidade Católica, São Paulo, 2003.

OLIVEIRA, M. K. de. *Vygotsky: aprendizado e desenvolvimento, um processo sócio histórico*. 4.ed. São Paulo: Scipione, 1997.

OLIVEIRA, Z. M. R. *Jogo de papéis: uma perspectiva para análise do desenvolvimento humano*. Tese (Doutorado em Psicologia) – Universidade de São Paulo, São Paulo, 1988.

_____. "Interações infantis em creche e a construção de representações sociais de gênero". *Caderno Anpepp*, v. 1, n. 4. Recife: Editora Universitária da UFPE, set. 1996.

OSTETTO, L. E.; LEITE, M. I. *Arte, infância e formação de professores – Autoria e transgressão*. Campinas: Papirus, 2004.

PIAGET, J. *A formação do símbolo na criança: imitação, jogo e som, imagem e representação*. Rio de Janeiro: Zahar, 1975.

PINO, A. *Imaginário e produção imaginária: reflexões em educação*. Mimeo, s/d.

_____. "A constituição e os modos de significação do sujeito no contexto da pré-escola". *Caderno Anpepp*, v. 1, n. 4. Recife: Editora Universitária da UFPE, set. 1996.

POROSHINA, G.; PAKHORUKOVA, A. "Creativity activity of pre-school children granted different types of pre-school education". Trabalho apresentado no International Congress on Aesthetics Creativity and Psychology of the Art, Perm, 2005.

ROCHA, M. S. P. M. L. *Não brinco mais – A (des)construção do brincar no cotidiano educacional*. Ijuí: Unijuí, 2000.

ROSSINA, N. "Toward the study of creative potential of students". Trabalho apresentado no International Congress on Aesthetics Creativity and Psychology of the Art, Perm, 2005.

SARTRE, J. P. *A imaginação*. São Paulo: Difusão Europeia, 1964.

_____. *O imaginário*. São Paulo: Ática, 1996.

SILVA, D. N. H.; ABREU, F. S. D. "Arte e imaginação na formação de educadores: discutindo autorias no ofício pedagógico". In: XV Encontro Nacional de Didática e Prática de Ensino, 2010, Belo Horizonte/MG. Convergências e tensões no campo da formação e do trabalho docente: políticas e práticas educacionais, 2010.

SILVA, D. N. H.; DIAS, M.; ABREU, R. "Brincadeira, linguagem e imaginação: modos da criança pequena 'ler' e 'escrever' sobre o mundo da cultura". Trabalho escrito para o II Encontro Internacional Linguagem, Cultura e Cognição – Reflexões para o ensino (16-18 julho). Faculdade de Educação/UFMG, Belo Horizonte, 2003.

SILVA, S. M. C. *As condições sociais de produção do desenho*. Dissertação (Mestrado em Educação) – Faculdade de Educação, Universidade Estadual de Campinas, Campinas, 1993.

STEINBERG, J.; KINCHELOE, L. (orgs.). *Cultura infantil: a construção corporativa da infância*. Rio de Janeiro: Civilização Brasileira, 2001.

TEZZA, C. "Sobre o autor e o herói – Um roteiro de leitura". In: FARACO, C. A. *et al. Diálogos com Bakhtin*. Curitiba: Ed. UFPR, 1996.

TROJAN, R.M. "Estética da sensibilidade como princípio curricular". *Cadernos de Pesquisa* – Revista de Estudos e Pesquisa em Educação/Fundação Carlos Chagas. São Paulo: Fundação Carlos Chagas, v. 34, n. 122, maio/ago. 2004, p. 425-43.

VIGOTSKI, L. S. *A tragédia de Hamlet, príncipe da Dinamarca*. São Paulo: Martins Fontes, 1999a.

_____. *O desenvolvimento psicológico na infância*. São Paulo: Martins Fontes, 1999b.

_____. *Teoria e método em psicologia*. São Paulo: Martins Fontes, 1999c.

_____. *A construção do pensamento e da linguagem*. São Paulo: Martins Fontes, 2001.

_____. "Manuscrito de 1929". *Educação e Sociedade:* revista quadrimestral de Ciência da Educação, n. 71, 2. ed. Campinas: Cedes, 2000b.

_____. *A formação social da mente. O desenvolvimento dos processos psicológicos superiores*. São Paulo: Martins Fontes, 2007.

_____. *Criação e imaginação na infância*. São Paulo: Ática, 2009.

VIGOTSKY, L. S. *La imaginación y el arte en la infancia*. Cidade do México: Hispânicas, 1987.

_____. *Imaginación y creación en la edad infantil*. 2. ed. Havana: Pueblo y Educación, 1999.

VOLCHEGORSKAYA, E. "Aesthetic education as a strategy of intelligence and ideation development". Trabalho apresentado no International Congress on Aesthetics Creativity and Psychology of the Art, Perm, 2005.

VYGOTSKY, L. S. *A formação social da mente*. 4. ed. São Paulo: Martins Fontes, 1991.

leia também

DESENVOLVIMENTO E APRENDIZAGEM EM PIAGET E VYGOTSKY
A RELEVÂNCIA DO SOCIAL
Isilda Campaner Palangana

Este livro analisa as propostas e as bases teóricas e metodológicas de Piaget e Vygotsky quando articulam o desenvolvimento e a aprendizagem a partir de uma perspectiva interacionista. Destaca o valor e a função do ambiente social dentro do interacionismo construtivista de Piaget e do sociointeracionismo de Vigotsky.

REF. 10762　　　　　　　　　　ISBN 85-323-0762-0

GRAMÁTICA DA FANTASIA
Gianni Rodari

Por meio da análise de variadas técnicas de invenção, Rodari oferece um eficaz instrumento para os que acreditam na criatividade infantil. Mostra como uma aula pode se tornar criativa, agradável, instigante. E não se restringe ao universo "clássico" da literatura infantil, pois também propõe técnicas a partir de notícias de jornais, fatos históricos, geográficos etc.

REF. 10137　　　　　　　　　　ISBN 85-323-0137-1

PIAGET, VYGOTSKY, WALLON
TEORIAS PSICOGENÉTICAS EM DISCUSSÃO
Yves de La Taille, Marta Kohl de Oliveira e Heloysa Dantas

Três professores da Universidade de São Paulo, analisam temas substantivos em psicologia à luz das teorias de Piaget, Vygotsky e Wallon. Entre eles, os fatores biológicos e sociais no desenvolvimento psicológico e a questão da afetividade e da cognição.

REF. 10412　　　　　　　　　　ISBN 978-85-323-0412-4

www.gruposummus.com.br

IMPRESSO NA
sumago gráfica editorial ltda
rua itauna, 789 vila maria
02111-031 são paulo sp
tel e fax 11 **2955 5636**
sumago@sumago.com.br